Diese Sammlung bietet 20 Tourenvorschläge für die Münchner Hausberge und ist mit ihrem praktischen Format der ideale Begleiter für die Bergwanderung: Jeder Berg wird ausführlich auf einem Faltblatt vorgestellt, das die beschriftete 360°-Gipfelaussicht, ferner einen großen Ausschnitt der Kompass-Wanderkarte und schließlich alle wichtigen Angaben zur Beschreibung der Bergtour enthält. Die Falzung der einzelnen Faltblätter ist so gestaltet, dass das zusammengeklappte Faltblatt auf der Vorderseite die Toureninformation und auf der Rückseite die Wanderkarte zeigt. Dies hat entscheidende Vorteile auf der Bergtour: Ohne blättern zu müssen, kann man mit einem Griff sowohl Informationen zur Bergtour nachsehen als auch einen Blick auf die Karte werfen.

Jedes Faltblatt ist einem anderen Berg gewidmet, beidseitig bedruckt und weist drei Falze auf, die Vorder- und Rückseite in je vier Segmente aufteilen:

- Die Vorderseite enthält auf dem rechten Segment alle nützlichen Informationen zur Bergtour: Wegcharakterisierung, Ausgangspunkt, Höhenangaben, Gehzeiten, Einkehr- und Übernachtungsmöglichkeiten auf der Bergtour, Informationen zu Bergbahnen, die genaue Wegbeschreibung für den Auf- und Abstieg, Empfehlungen für eine Rundtour und Hinweise zu alternativen Anstiegen. Ferner findet sich auf diesem Segment ein Portraitbild des Berges.

- Das zweite Segment von rechts präsentiert den zur Tour gehörenden Ausschnitt der bewährten Kompass-Wanderkarte. Der Maßstab dieser Karte entspricht je nach Ausschnittvergrößerung etwa 1:40.000 bis 1:60.000. Der Bergwanderer wird die Detailgenauigkeit dieser Karte mit all ihren Berg- und Forstwe
henlinien, Bachverläufen, Hütten,
schätzen. Der Parkplatz, der als Au
len wird, ist in der Karte hervorgeh

- Die restlichen sechs Segmente de
te 360°-Gipfelpanorama. Ein Drittel davon ist auf den zwei übrigen Segmenten der Vorderseite untergebracht, die anderen zwei Drittel des Panoramas befinden sich auf der Rückseite. Damit man beim Umdrehen des Faltblattes den Anschluss findet, überlappen sich die Randbereiche der Teilpanoramen ein wenig. In einigen Fällen – wenn Gipfelaufbauten die Sicht verdeckten – habe ich zwei Teilpanoramen von unterschiedlichen Standorten aus fotografiert. Die beiden Teile überlappen sich im Nahbereich nicht exakt, was im Faltblatt mit weiß schraffierten Flächen markiert ist. Sämtliche Aufnahmen entstanden zwischen 2004 bis 2011. Die Beschriftung der Panoramen beantwortet detailliert, welche Berge zu sehen sind: Die Namen der Gipfel sind in schwarz, Ortsnamen in rot und Gewässerbezeichnungen in blau gehalten. Am unteren Bildrand sind zur Orientierung die vier Himmelsrichtungen angegeben.

Die 20 ausgewählten Gipfel bieten meiner Meinung nach die schönsten Aussichten der Münchner Hausberge. Die Auswahl ist naturgemäß schwierig. Welche Kriterien muss eine „schöne“ Aussicht erfüllen? Ist es die Vielfältigkeit der Aussicht? Ist es entscheidend, dass unser Blick in die weite Ferne wandern kann? Oder spielt auch der bergsteigerische Aspekt eine Rolle? Erleben wir eine Aussicht umso eindrücklicher, je länger und mühevoller der Gipfelanstieg war? Wollen wir nicht auch die Vorfreude auf die Gipfelaussicht berücksichtigen? Jeder Bergwanderer wird die Frage nach den schönsten Aussichten etwas anders beantworten. Doch bin ich zuversichtlich, dass Sie die Aussichten der hier präsentierten Gipfel auch zu den Schönsten zählen.

Ich wünsche allen, die eine Tour auf Gipfel der Münchner Hausberge unternehmen, einen sicheren Auf- und Abstieg, ungetrübtes Gipfelglück und viel Freude beim Betrachten unserer wunderbaren Bergwelt.

Ihr Uwe-Carsten Fiebig

Wichtige Anmerkungen

Ich empfehle allen Lesern, Wegcharakteristik und -beschreibung aufmerksam durchzulesen und nur solche Bergwanderungen zu unternehmen, die Ihrer bergsteigerischen Erfahrung und allgemeinen Fitness entsprechen. Die Charakterisierung des Weges gilt für optimale Weg- und Wetterverhältnisse, d.h. für unbeschädigte und schneefreie Wege bei trockenem Wetter. Ich möchte ausdrücklich darauf hinweisen, dass schlechtes Wetter die Schwierigkeit einer Bergtour erheblich steigert und Bergwege auf Grund von Wetter- und Erosionsprozessen auch unpassierbar sein können. Die Hüttenwirte können über den aktuellen Zustand der Wege am besten Auskunft geben.

Bei Hütten und Bergbahnen sind die entsprechenden Internetadressen oder Telefonnummern angegeben, so dass man sich über die aktuellen Öffnungszeiten und Preise erkundigen kann, die von Saison zu Saison und auch wetterbedingt variieren können. Wenn Sie eine Übernachtung auf einer der genannten Berghütten planen, empfehle ich dringend, vorher zu reservieren.

Die beschriebenen Parkplätze sind in manchen Fällen gebührenpflichtig (typischerweise zwischen €2,– und €9,–). Meist kann nur mit Münzen bezahlt werden. Stellen Sie Ihren Wagen nicht auf Wiesen, privaten Stellplätzen oder Parkplätzen für Hotel- oder Restaurantgäste ab.

Die genannten Höhenmeter beinhalten auch Gegenanstiege auf dem Weg zum Gipfel und sind daher in manchen Fällen größer als die Differenz zwischen der Gipfelhöhe und der Höhe des Ausgangspunktes. Auf dem Rückweg müssen die Gegenanstiege nochmals bewältigt werden. Auch Rundtouren weisen oft zusätzliche Anstiege auf, die extra ausgewiesen sind.

Die Angaben zu den Gehzeiten entsprechen denen eines durchschnittlich zügigen Bergwanderers bei optimalen Weg- und Wetterverhältnissen und beinhalten keine Pausen! Die angegebenen Gehzeiten liegen manchmal etwas unter den Angaben auf Schildern, auf Tiroler Gebiet aber auch darüber. Flotte Wanderer werden die hier angegebenen Gehzeiten unterbieten.

In einigen Touren weise ich auf Klettersteige hin. Klettersteige führen durch steilen, oft sehr exponierten Fels und sind mit Drahtseilen, Eisenstiften und Leitern gesichert. Eine Klettersteigausrüstung mit Gurt und Helm ist schon bei einfachen Klettersteigen empfehlenswert. Bei Gewittergefahr sind Klettersteige zu meiden. Je nach Schwierigkeit ist ein hohes Maß an Erfahrung notwendig. Trittsicherheit und Schwindelfreiheit sind absolute Voraussetzungen für die Begehung von Klettersteigen.

Selbstverständlich sollten Sie eine Bergtour mit der richtigen Ausrüstung antreten, d.h. mit passenden Bergschuhen, adäquater Bekleidung, ausreichender Brotzeit und genügend Getränken. Seien Sie auch auf Regen, Kälte und Dunkelheit vorbereitet, und vergessen Sie nicht die Erste-Hilfe-Ausrüstung.

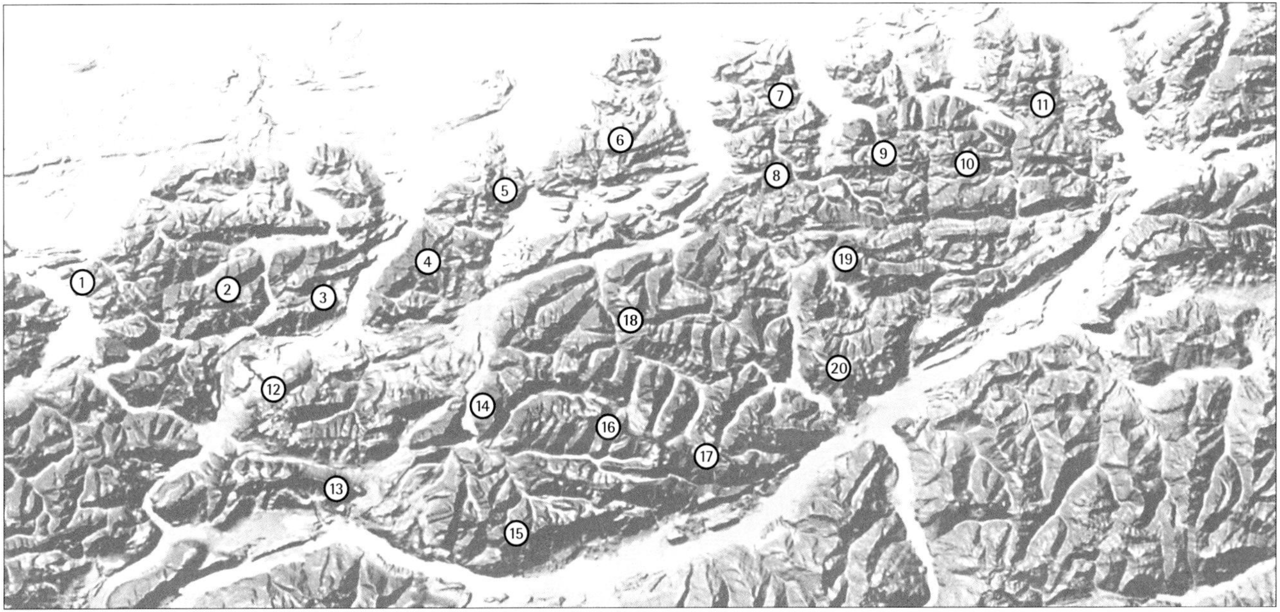

DIE SCHÖNSTEN AUSSICHTSBERGE

1 Säuling
2 Kreuzspitze
3 Kramer
4 Krottenkopf
5 Herzogstand
6 Benediktenwand
7 Fockenstein
8 Buchstein
9 Risserkogel
10 Hochmiesing
11 Wendelstein
12 Zugspitze
13 Hohe Munde
14 Westliche Karwendelspitze
15 Kleiner Solstein
16 Birkkarspitze
17 Lamsenspitze
18 Schafreuter
19 Guffert
20 Hochiss

Über den Autor

Uwe-Carsten Fiebig wurde 1962 in Augsburg geboren. Er ist seit seiner Jugend leidenschaftlich gerne in den Bergen und der Natur unterwegs. Mit der Jungmannschaft der Sektion Augsburg des Deutschen Alpenvereins unternahm er zahlreiche Touren in den Lechtaler Bergen, den Allgäuer Alpen und den Dolomiten. Mit dem Umzug nach München und schließlich ins Oberland weckten zunehmend auch das Karwendelgebirge und die Bayerischen Voralpen sein bergsteigerisches Interesse. Er ist liebend gerne in seinen Heimatbergen unterwegs, in denen er Abstand zu unserer hoch technisierten Welt findet und die Schönheit der Natur genießen kann. Bei seinen Bergtouren hat er meist die Kamera dabei und hält seine Eindrücke oft als Panorama-Aufnahmen fest. So kann er die Weite der Landschaften gut vermitteln und den Betrachter in seine Bilder eintauchen und darin spazieren gehen lassen.

Seit 2004 fotografiert er die Gipfelaussichten der Münchner Hausberge in 360°-Rundumsicht. 2008 erschien sein Buch „Münchner Hausberge im Panorama" bei Edition Panorama.

Uwe-Carsten Fiebig studierte Elektrotechnik/Nachrichtentechnik an der Technischen Universität München. Heute leitet er eine Forschungsabteilung am Institut für Kommunikation und Navigation des Deutschen Zentrums für Luft- und Raumfahrt (DLR). Die Begeisterung für seine Arbeit vermittelt er auch Studenten der Universität Ulm, an der er als Honorarprofessor Satellitenkommunikation und -navigation lehrt.

Heute lebt Uwe-Carsten Fiebig mit seiner Familie in Starnberg. Es kann kein Zufall sein, dass die Straße, in der er wohnt, Alpenstraße heißt und von zuhause aus die Alpen im Panorama zu sehen sind.

Impressum

ISBN: 978-3-89823-449-8

Kompass-Lizenz-Nr.: 164-1211-LAB

Konzept: Dr. Uwe-Carsten Fiebig & EDITION PANORAMA
Design: Marcus Bela Schmitt / Designgruppe Fanz & Neumayer
Litho: EPS GmbH, Speyer
Druck: Passavia Druckservice GmbH & Co. KG, Passau

EDITION PANORAMA GmbH
G7, 14 · D-68159 Mannheim · www.editionpanorama.com

A production by EDITION**PANORAMA**

Exzellenter Aussichtsberg! Nach Norden breitet sich das Voralpenland mit seinen malerischen Dörfern, Hügeln und Seen aus. Im Süden streicht der Blick über die Lechtaler Alpen zu den fernen Gipfeln der Ötztaler Alpen.

Der Säuling ist ein exponierter Berg hoch über Füssen und Reutte; die beiden Aufstiege durch die Süd- bzw. Nordseite passieren steiles Gelände.

Charakter des Weges: Anspruchsvolle Wanderung mit steilen und ausgesetzten Passagen im Schrofengelände; gut beschildert; Trittsicherheit, Schwindelfreiheit und gute Kondition erforderlich.

Ausgangspunkt: Gebührenpflichtiger Schlossparkplatz Alpsee in Hohenschwangau: Alpseestraße, 87645 Schwangau
Höhenangaben: Tal 825 m; Berg 2047 m; im Aufstieg 1220 Hm; Rundtour 1300 Hm; im Aufstieg von Pflach 1150 Hm
Einkehrmöglichkeiten/Unterkunft: Säulinghaus mit Übernachtungsmöglichkeit, 1693 m (www.saeulinghaus.at)

Wegbeschreibung:
Aufstieg: Ein kurzes Stück auf Asphalt Richtung Neuschwanstein, dann dem Wegweiser nach rechts und weiteren Schildern folgen. Die Touristen werden weniger, spätestens auf dem Weg 211 zur Wildsulzhütte. Dort nach links in die Nordseite des Berges queren. Bald weist ein Schild nach rechts steil hinauf (zum Teil etwas rutschig, Drahtseilsicherungen) auf das Plateau der Gemswiese. Von hier mit leichten Kraxelstellen zum Gipfel. Gehzeit 3:15 h.
Abstieg/Rundtour: Von der Gemswiese südseitig hinunter zum Säulinghaus. Dieser Abstieg ist sehr steil und ausgesetzt (Kettensicherungen). Vom Säulinghaus um den Pilgerschrofen herum zurück mit 80 Hm Gegenanstieg. Gehzeit des Rückweges 3:00 h.
Alternativer Ausgangspunkt: Parkplatz (910 m) am Ende des „Weg zum Säuling“, 6600 Pflach, Österreich, nördlich der B179: Auf der Forststraße oder dem leichtem Waldweg 28 zum Säulinghaus. Danach wie oben beschrieben sehr steil und ausgesetzt durch Schrofen zur Gemswiese und weiter zum Gipfel. Gehzeit 3:00 h im Auf- und 2:30 h im Abstieg.

Branderschrofen, 1880 m
Hohe Bleick, 1638 m
Grubenkopf, 1847 m
Vorderes Hörnle, 1484 m
Geiselstein, 1884 m
Gr. Klammspitze, 1924 m
Gabelschrofen, 2010 m
Krähe, 2012 m
Hoher Straußberg, 1933 m
Hochplatte, 2082 m
Benediktenwand, 18
Heimgarten, 17
Hochblas

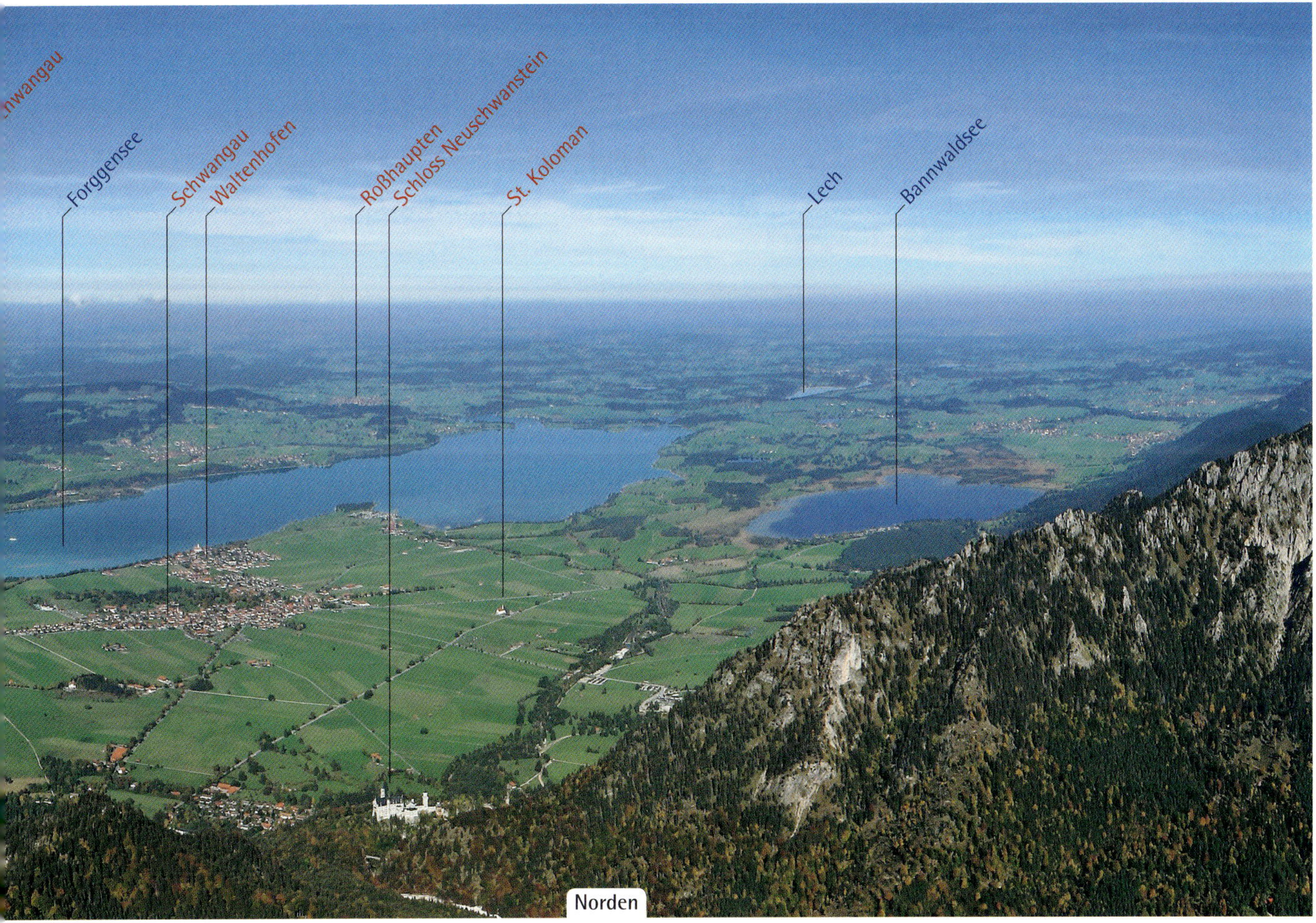

nwangau
Forggensee
Schwangau
Waltenhofen
Roßhaupten
Schloss Neuschwanstein
St. Koloman
Lech
Bannwaldsee
Norden

1823 m
nschrutte, 2247 m
Grünstein, 2661 m
Pitzenegg, 2174 m
Wannig, 2493 m
Kohlbergspitze, 2202 m
Gartner Wand, 2377 m
Roter Stein, 2366 m
Loreakopf, 2471 m
Zunterkopf, 1811 m
Heiterwand, 2639 m
Thaneller, 2341 m
Muttekopf, 2774 m
Gr. Schlenkerspitze, 2827 m
Namloser Wettersp., 2553 m
Knittelkarspitz

Süden

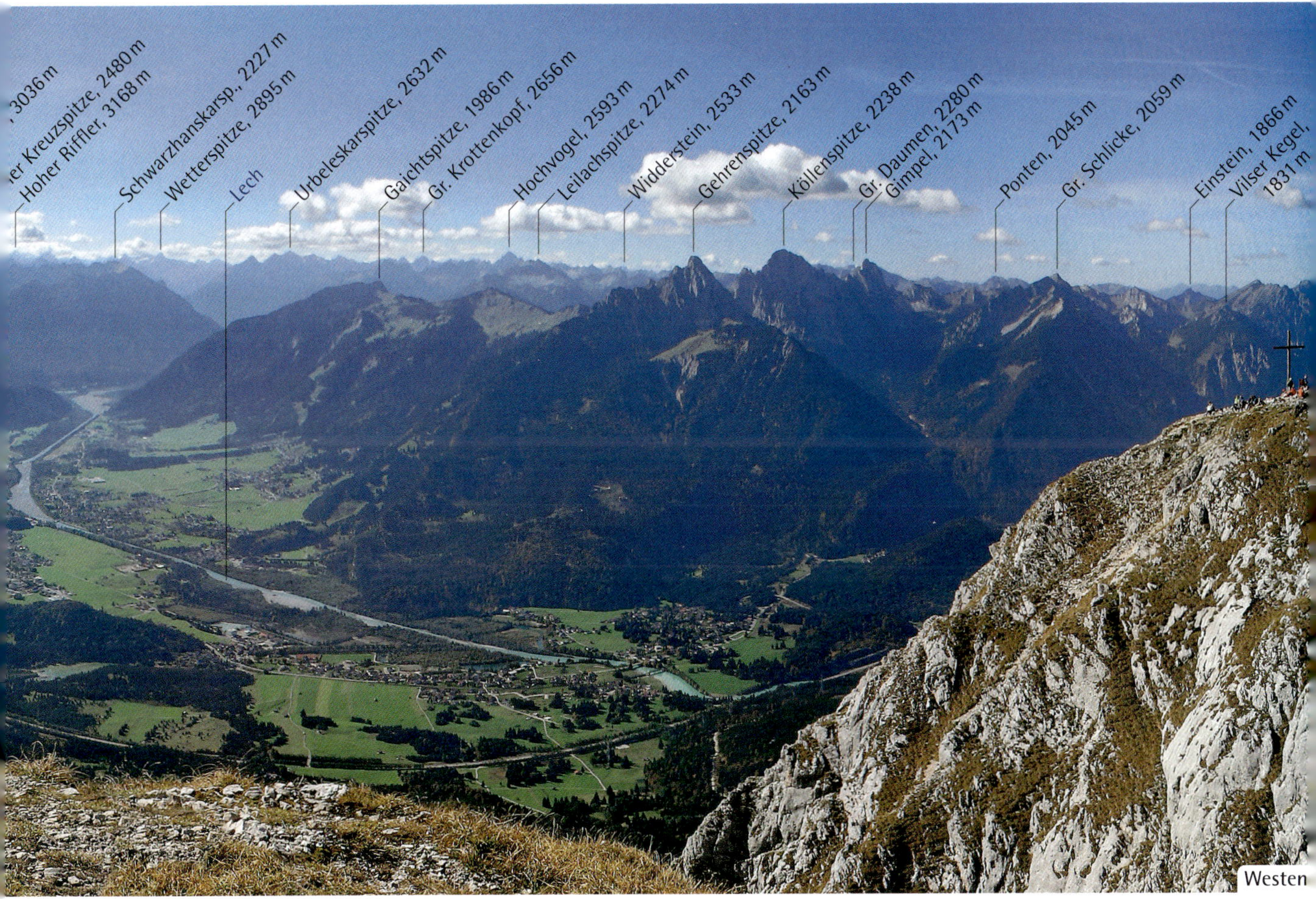

, 3036 m
er Kreuzspitze, 2480 m
Hoher Riffler, 3168 m
Schwarzhanskarsp., 2227 m
Wetterspitze, 2895 m
Lech
Urbeleskarspitze, 2632 m
Gaichtspitze, 1986 m
Gr. Krottenkopf, 2656 m
Hochvogel, 2593 m
Leilachspitze, 2274 m
Widderstein, 2533 m
Gehrenspitze, 2163 m
Köllenspitze, 2238 m
Gr. Daumen, 2280 m
Gimpel, 2173 m
Ponten, 2045 m
Gr. Schlicke, 2059 m
Einstein, 1866 m
Vilser Kegel, 1831 m
Westen

Brentenjoch, 2001 m
Aggenstein, 1985 m
Grünten, 1738 m
Breitenberg, 1838 m
Pfronten
Falkenstein, 1267 m
Edelsberg, 1630 m
Weißensee
Füssen
Schwansee
Hopfensee

…e Kiste, 1922 m
Kuchelbergspitz, 2020 m
Krottenkopf, 2086 m
Kreuzspitze, 2185 m
Geierköpfe, 2161 m
Ochsenälpeleskopf, 1905 m
Kreuzkopf, 1909 m
Wettersteinwand, 2484 m
Partenk. Dreitorsp., 2633 m
Alpspitze, 2628 m
Hochblassen, 2707 m
Mittlere Höllentalsp., 2743 m
Innere Höllentalsp., 2741 m
Zugspitze, 2962 m
Plansee
Schneefernerkopf, 2874 m
Hochwand, 2719 m
Hochplattig, 2768 m
Daniel, 2340 m
Upsspitze, …
Osten

KOMPASS
Hohenschwangau
Schwansee
Schwanseepark
Alpsee
Alpseebad
Marien-Monument
Schloss Neuschwanstein
Marienbrücke (Kulturdenkmal)
Pöllatschlucht
Tegelberg
Tegelberghaus
Branderschrofen
Ahornspitze
Hoher Straußberg
Benaköpfl
Bleckenau
Berggaststätte Bleckenau (Königshaus)
Fritz-Putz-Hütte (Bergwachthütte)
Säuling
Säulinghaus
Pilgerschrofen
Alpeleskopf
Gassenthomaskopf
Wasserleitungsweg
Brunnenstubenweg
Schwarzenberg
Fürstenstraße
Alpenrosenweg
Kitzberg
Schwangauer Gatter
Marienbuche
Schönblick
Kropbergtal
Oberpinswang
Dürrental
Birgwald
Brunstgrat
Zunderkopf
Vorgesäß-Alm
Schlagstein
Kniepass
Kniepass-Sternenschanze (ehem. Festung)
Bärenauköpfl
Reutte Nord
Unterletzen
Pflach
Wiesbichl
Oberletzen
Holzer Berg
Hüttenbichl
St. Ulrichs-Kapelle
Kofelalpe-Alpenvereinshütte
Sepp-Sollner-Hütte
Kofferjoch (Jochberg)
Dürrenberg
Oberer Sattelkopf
Unterer Sattelkopf
Gipfelstürmerhütte (Sattelkopfhütte)
Balzkopf
Dürrenbergalpe
Sauereg
Altenberg
Holzschlag
Kalbele
Rotmoos
Bächwald
NSG
1 km

Prächtiger Aussichtsberg im Herzen der Ammergauer Alpen! Die Sicht reicht vom Wendelstein über das Karwendel- und Wettersteingebirge bis hin zu zahlreichen Gipfeln in den Ötztaler, Lechtaler und Allgäuer Alpen.

Als mächtiger Felsbrocken erhebt sich die Kreuzspitze inmitten der Ammergauer Alpen, deren höchster Gipfel sie auf bayerischer Seite ist.

Charakter des Weges: Im unteren Teil einfache Wanderung; im oberen Teil steiles und zum Teil etwas ausgesetztes Schrofengelände; gut beschildert; Trittsicherheit, Schwindelfreiheit und gute Kondition erforderlich.

Ausgangspunkt: Parkplatz an der Staatsstraße 2060 knapp 7 km westlich von Linderhof bei den Sieben Quellen (an der deutsch-österreichischen Grenze unterhalb der Serpentinen)
Höhenangaben: Tal 1075 m; Berg 2185 m; im Aufstieg 1110 Hm
Einkehrmöglichkeiten/Unterkunft: keine

Wegbeschreibung:
Aufstieg (Normalroute): Über den Neualmbach in östlicher Richtung leicht ansteigend an das Hochgrieskar heran. Dort in unzähligen Serpentinen konsequent hinauf in das sich weitende Hochgrieskar und an seinem oberen Ende rechts haltend zum Schwarzenköpfel. Im Herbst begrüßt uns erst jetzt die Sonne. Nun auf dem Gratrücken weiter durch Latschen- und Schrofengelände. Oben erwartet uns eine leichte Kraxelei in felsigen Passagen, die uns zum Gipfelgrat führt. Gehzeit 2:45 h.
Abstieg: Auf dem gleichen Weg in 2:15 h zum Parkplatz zurück.
Rundtour: An den Südhängen des Kuchelberges nach Osten hinunter: Dieser Abstieg zweigt etwas unterhalb des Gipfels von der Normalroute ab und führt durch ausgesetztes und schotteriges Gelände (Drahtseilsicherungen) zum Sattel zwischen Kreuzspitze und Kuchelbergkopf. Nun auf schmalem und manchmal zugewachsenem Weg Nr. 241 an steilen Hängen zum Kuchelbach und weiter zum Graswangtal hinaus. Gehzeit 3:30 h. Mit dem vorher deponiertem Fahrrad zum Parkplatz zurück; per Anhalter abends schwierig, da der Verkehr in die andere Richtung rollt - eher Tour andersherum gehen.

Brunnenkopf, 1718 m
Peißenberg, 988 m
Ammersee
Hennenkopf, 1768 m
Laubeneck, 1758 m
Hinteres Hörnle, 1548 m
Kuchelbergspitz, 2020
Sonnenberg, 162

Forggensee
Lösertalkopf, 1859 m
Firstberg, 1784 m
Scheinbergspitze, 1926 m
Grubenkopf, 1847 m
Feigenkopf, 1866 m
Gr. Klammspitze, 1924 m
Hohe Bleick, 1638 m
Norden

Wettersteinwand, 2484 m
Musterstein, 2477 m
Partenk. Dreitorsp., 2633 m
Leutascher Dreitorsp., 2682 m
Oberreintalschrofen, 2523 m
Alpspitze, 2628 m
Gr. Waxenstein, 2277 m
Hochblassen, 2707 m
Äußere Höllentalsp., 2720 m
Mittlere Höllentalsp., 2743 m
Innere Höllentalsp., 2741 m
Eibsee
Zugspitze, 2962 m
Schneefernerkopf, 2874 m
Mitterspitzen, 2701 m
Östl. Griesspitze, 2747 m
Acherkogel, 3007 m
Süden

pitze, 3774 m
Rofelewand, 3353 m
Watzespitze, 3532 m
Wannig, 2493 m
Daniel, 2340 m
Upsspitze, 2332 m
Gartner Wand, 2377 m
Heiterwand, 2639 m
Hochschrutte, 2247 m
Muttekopf, 2774 m
Gr. Schlenkerspitze, 2827 m
Pitzenegg, 2174 m
Parseierspitze, 3036 m
Kohlbergspitze, 2202 m
Hoher Riffler, 3168 m
Namloser Wettersp., 2553 m
Freispitze, 2884 m
Wetterspitze, 2895 m
Thaneller, 2341 m
Heiterwanger See
Plansee
Urbeleskarspitze, 2632
Gr. Krottenk
2656 m

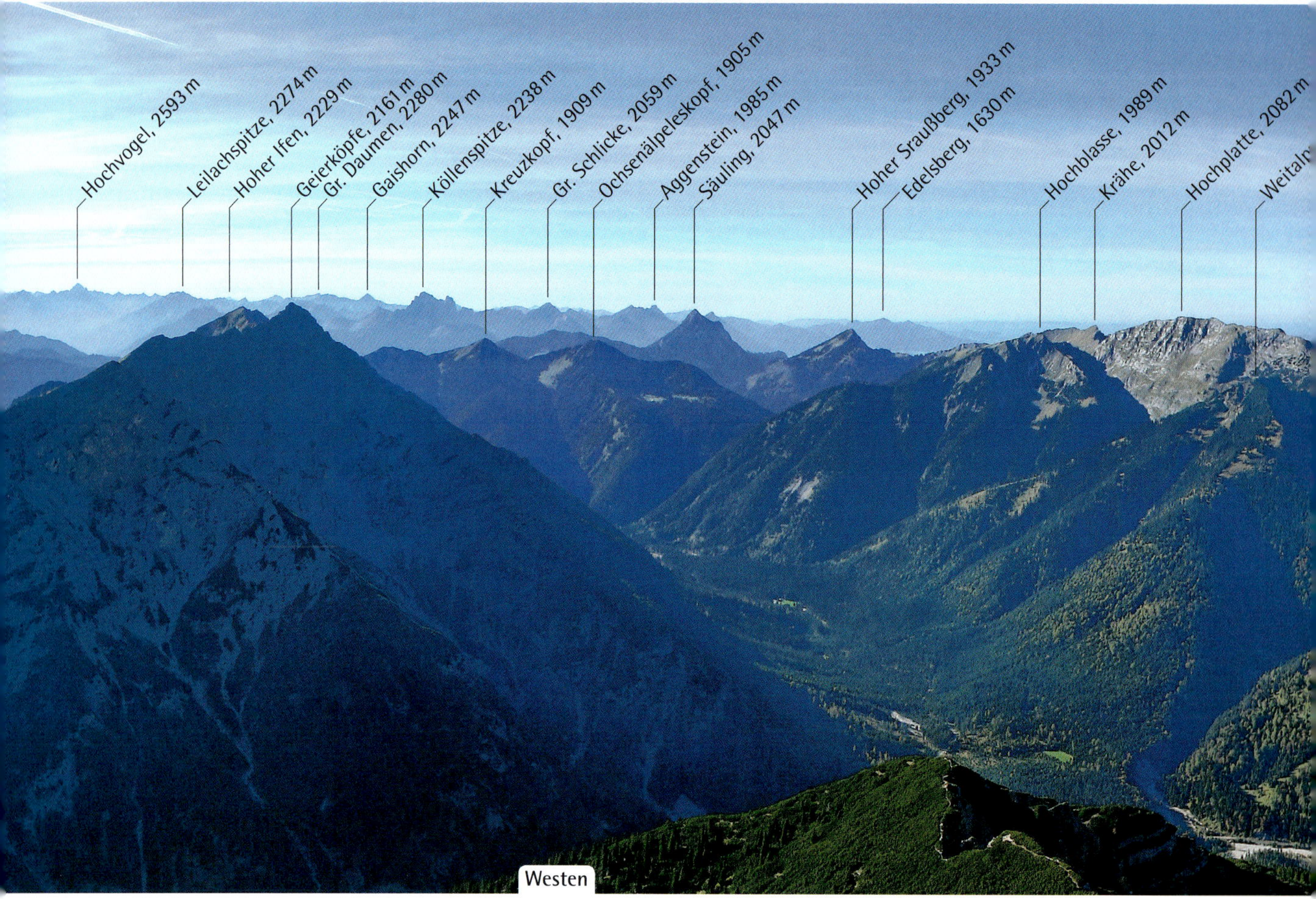
Hochvogel, 2593 m
Leilachspitze, 2274 m
Hoher Ifen, 2229 m
Geierköpfe, 2161 m
Gr. Daumen, 2280 m
Gaishorn, 2247 m
Köllenspitze, 2238 m
Kreuzkopf, 1909 m
Gr. Schlicke, 2059 m
Ochsenälpeleskopf, 1905 m
Aggenstein, 1985 m
Säuling, 2047 m
Hoher Straußberg, 1933 m
Edelsberg, 1630 m
Hochblasse, 1989 m
Krähe, 2012 m
Hochplatte, 2082 m
Weitalp
Westen

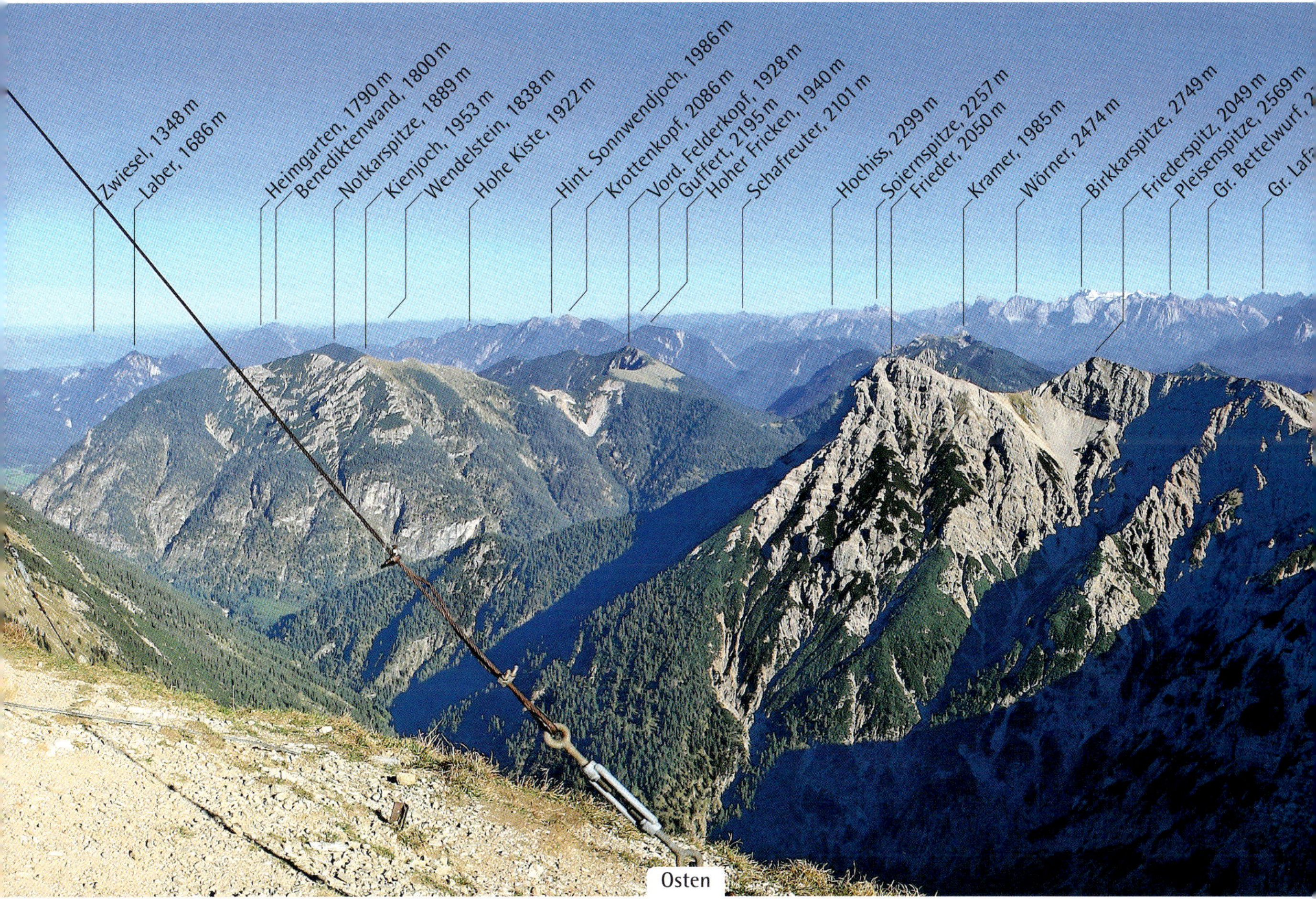
Zwiesel, 1348 m
Laber, 1686 m
Heimgarten, 1790 m
Benediktenwand, 1800 m
Notkarspitze, 1889 m
Kienjoch, 1953 m
Wendelstein, 1838 m
Hohe Kiste, 1922 m
Hint. Sonnwendjoch, 1986 m
Krottenkopf, 2086 m
Vord. Felderkopf, 1928 m
Guffert, 2195 m
Hoher Fricken, 1940 m
Schafreuter, 2101 m
Hochiss, 2299 m
Soiernspitze, 2257 m
Frieder, 2050 m
Kramer, 1985 m
Wörner, 2474 m
Birkkarspitze, 2749 m
Friederspitz, 2049 m
Pleisenspitze, 2569 m
Gr. Bettelwurf,
Gr. Laf
Osten

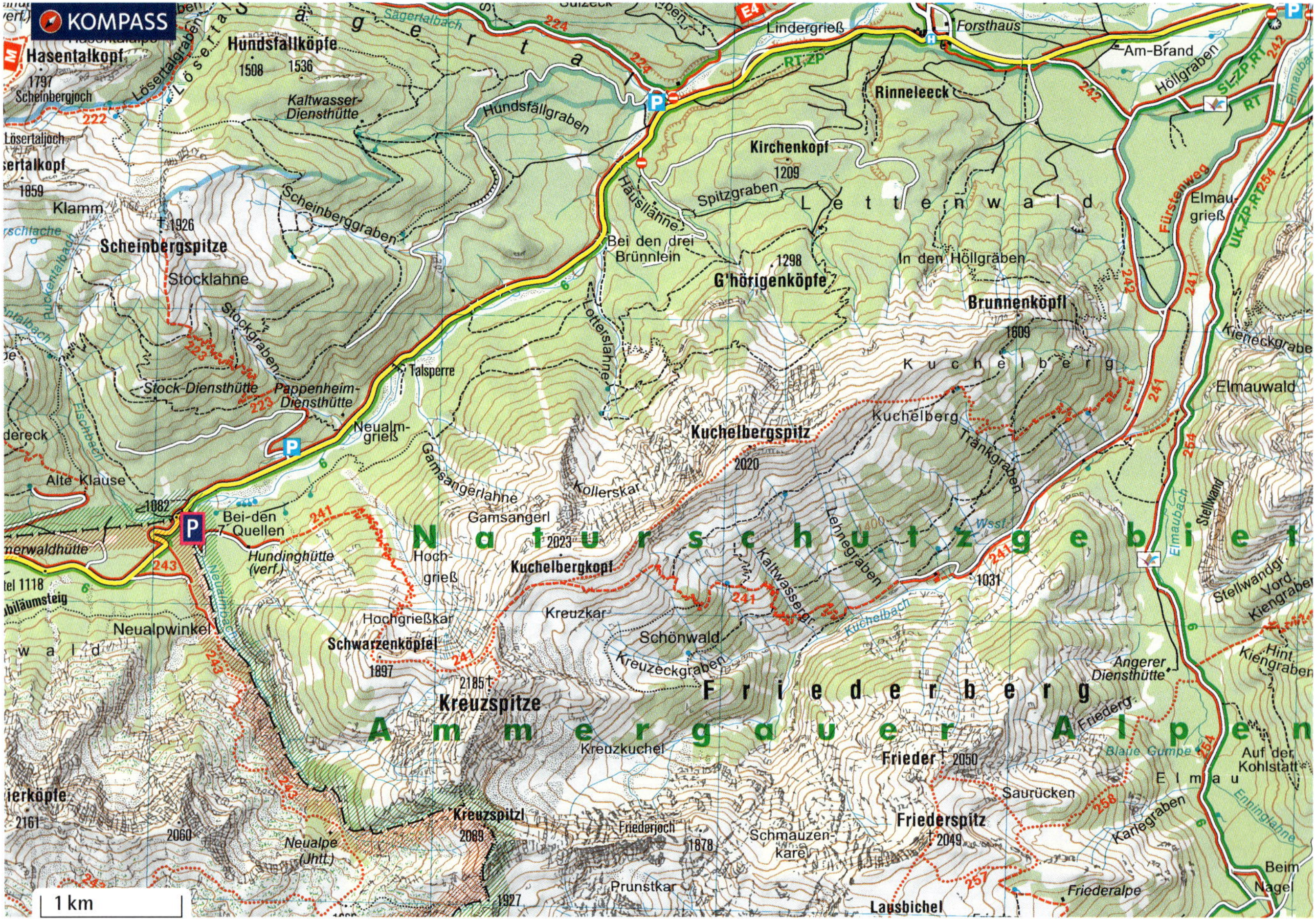
KOMPASS
Hasentalkopf
1797
Scheinbergjoch
Lösertaljoch
Lösertalkopf
1859
Klamm
Scheinbergspitze
1926
Stocklahne
Stockgraben
Stock-Diensthütte
Pappenheim-Diensthütte
Alte Klause
Hundsfallköpfe
1508
1536
Kaltwasser-Diensthütte
Hundsfällgraben
Scheinberggraben
Sägertalbach
Lindergrieß
Forsthaus
Am-Brand
Höllgraben
Rinneleeck
Kirchenkopf
1209
Spitzgraben
Hausllahne
L e t t e n w a l d
Bei den drei Brünnlein
1298
G'hörigenköpfe
In den Höllgraben
Brunnenköpfl
1609
Elmau-grieß
Fürstenweg
Kieneckgraben
Elmauwald
K u c h e l b e r g
Kuchelberg
Tränkgraben
Talsperre
Neualm-grieß
Gamsangerlahne
Kuchelbergspitz
2020
Kollerskar
Gamsangerl
1082
Bei-den 7 Quellen
Hundinghütte (verf.)
N a t u r s c h u t z g e b i e t
2023
Hoch-grieß
Kuchelbergkopf
Lehnegraben
Kaltwassergr.
Kuchelbach
1031
Stellwand
Elmaubach
Stellwandgr.
Vord. Kiengraben
Hint. Kiengraben
Kreuzkar
Schönwald
Kreuzeckgraben
Hochgrießkar
Schwarzenköpfel
1897
2185
Kreuzspitze
Neualpwinkel
F r i e d e r b e r g
Angerer Diensthütte
A m m e r g a u e r A l p e n
Kreuzkuchel
Frieder
2050
Friederg.
Blaue Gumpe
Auf der Kohlstatt
E l m a u
Saurücken
Friederspitz
2049
Kareigraben
Kreuzspitzl
2089
Friederjoch
1878
Schmauzen-kare
Neualpe (Jhtt.)
2060
2161
Prunstkar
1927
Lausbichel
Friederalpe
Beim Nagel
1 km

Wunderbarer Aussichtsberg! Vom Gipfel fällt unser Blick tief hinunter in das Loisachtal und wandert die Nordflanken des Wettersteingebirges hinauf. Die Ammergauer Alpen und das Estergebirge komplettieren das Panorama.

Das Bild zeigt die Südostseite des Kramer: Hoch über Garmisch-Partenkirchen ist er ein lohnendes Ziel mit sehr abwechslungsreichen Wegpassagen.

Charakter des Weges: Relativ unschwierige Wanderung, im oberen Bereich leicht schrofig, aber nicht ausgesetzt; einige Drahtseilsicherungen; gut beschildert; Trittsicherheit und gute Kondition erforderlich.

Ausgangspunkt: Parkplatz Maximilianshöhe, 82467 Garmisch-Partenkirchen
Höhenangaben: Tal 780 m; Berg 1985 m; im Aufstieg 1270 Hm inklusive 65 Hm Gegenanstiege
Einkehrmöglichkeiten/Unterkunft: Gasthof St. Martin, 1082 m, und Stepbergalm, 1583 m (www.stepberg-alm.de)

Wegbeschreibung:
Aufstieg: Über den Kramerplateauweg in Richtung Kriegerkapelle; nach 15 min in den Forstweg links zum Gasthof St. Martin (1028 m) abzweigen. Von dort auf einem wunderbaren Waldweg mit Blicken auf Garmisch-Partenkirchen weiter nach oben. Auf 1350 m den Wegabzweig nach links nehmen und steiler hinauf in den Latschengürtel. Wir nähern uns dem Gipfel, gehen auch mal etwas bergab, queren die steile Nordostseite, erreichen ein grasiges Joch und bewältigen schließlich den Schlussaufschwung. Gehzeit 3:15 h.
Abstieg: Auf dem Aufstiegsweg in 2:30 h zurück zum Parkplatz.
Rundtour: Abstieg über die Stepbergalm: Die Drahtseile im obersten Wegabschnitt wird nicht jeder benötigen. Danach werden wir von der Aussicht auf die Zugspitze begleitet und steigen bald in einer Rinne und dann über Wiesen unschwierig zur Stepbergalm ab. Etwas oberhalb dieser Alm zweigt nach links der Weg 259 ab (alternativ den mit „Gelbes Gwänd" markierten, etwas längeren Weg nehmen). Er quert mit einigen kleinen Gegenanstiegen in den Südwesthang, ehe wir im Wald zum Kramerplateauweg hinunter steigen. Gehzeit 2:30 h und zusätzlich 50 Hm Gegenanstiege.

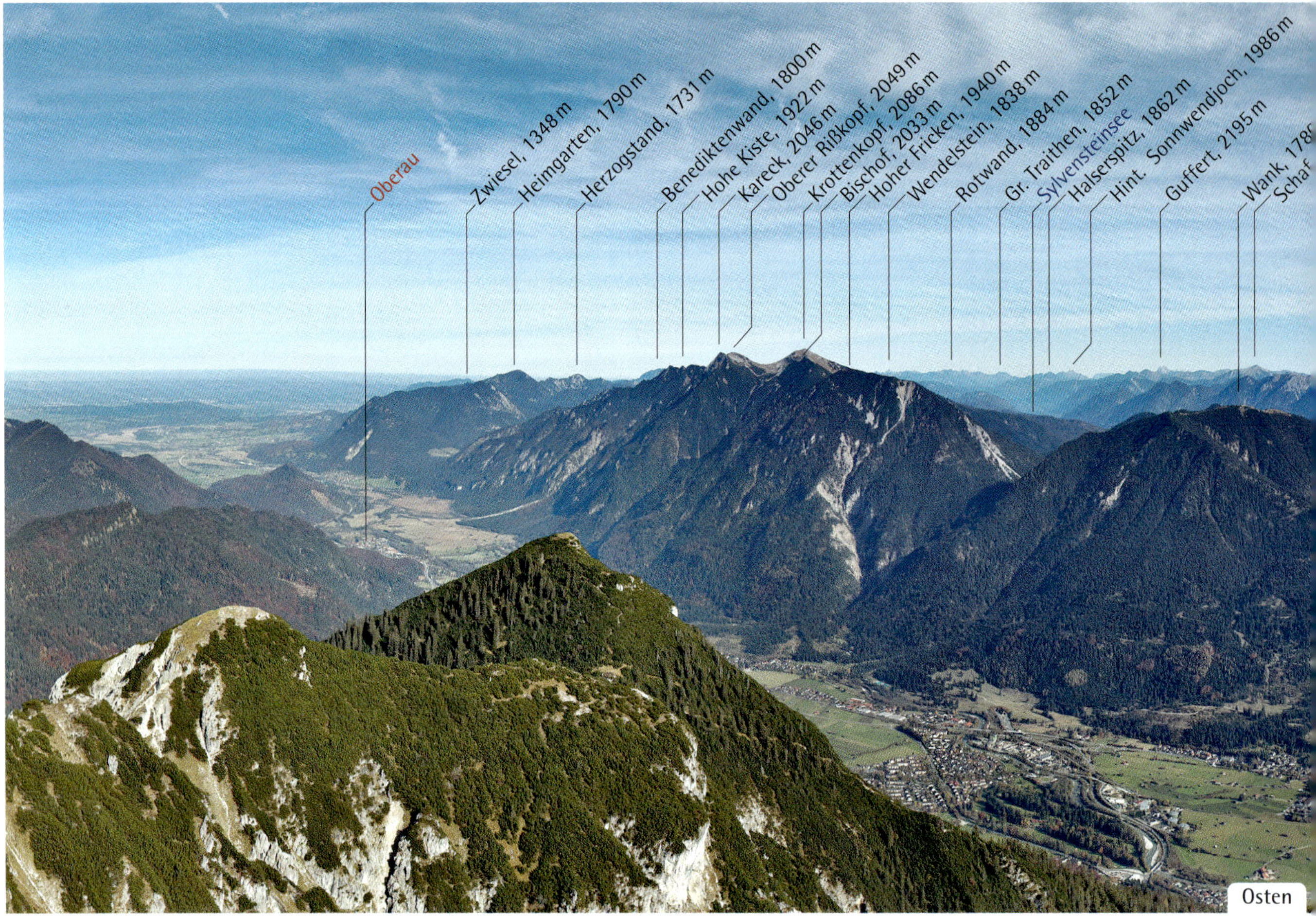
Oberau
Zwiesel, 1348 m
Heimgarten, 1790 m
Herzogstand, 1731 m
Benediktenwand, 1800 m
Hohe Kiste, 1922 m
Kareck, 2046 m
Oberer Rißkopf, 2049 m
Krottenkopf, 2086 m
Bischof, 2033 m
Hoher Fricken, 1940 m
Wendelstein, 1838 m
Rotwand, 1884 m
Gr. Traithen, 1852 m
Sylvensteinsee
Halserspitz, 1862 m
Hint. Sonnwendjoch, 1986 m
Guffert, 2195 m
Wank, 178
Schaf
Osten

…kopf, 1895 m
Am Zahn, 1611 m
Peißenberg, 988 m
Brünstelskopf, 1814 m
Ammersee
Notkarspitze, 1889 m
Gr. Aufacker, 1542 m
Starnberger See
Laber, 1686 m
Ettaler Manndl, 1633 m
Norden

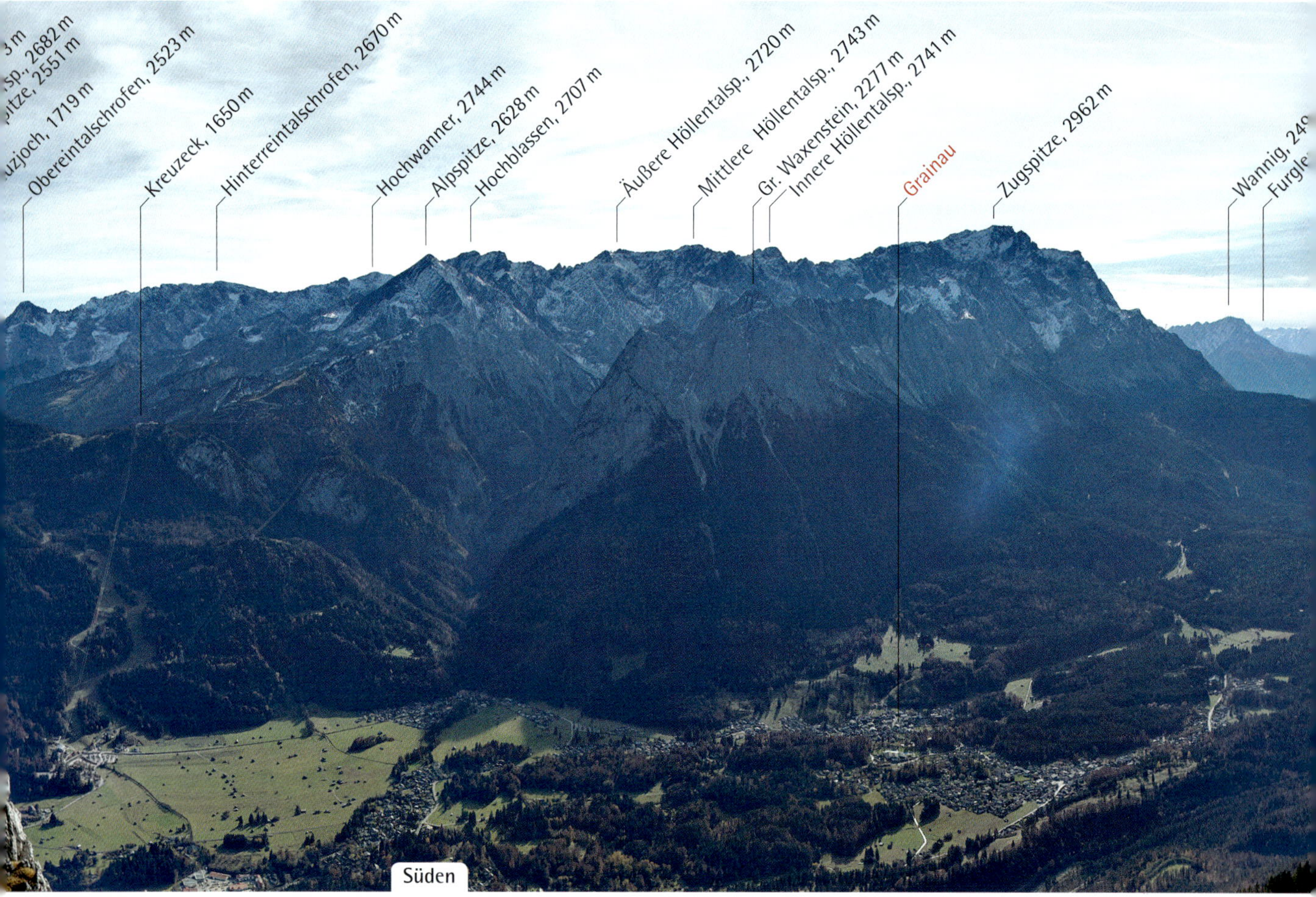

…3 m
…sp., 2682 m
…itze, 2551 m
…uzjoch, 1719 m
Obereintalschrofen, 2523 m
Kreuzeck, 1650 m
Hinterreintalschrofen, 2670 m
Hochwanner, 2744 m
Alpspitze, 2628 m
Hochblassen, 2707 m
Äußere Höllentalsp., 2720 m
Mittlere Höllentalsp., 2743 m
Gr. Waxenstein, 2277 m
Innere Höllentalsp., 2741 m
Grainau
Zugspitze, 2962 m
Wannig, 249…
Furgle…
Süden

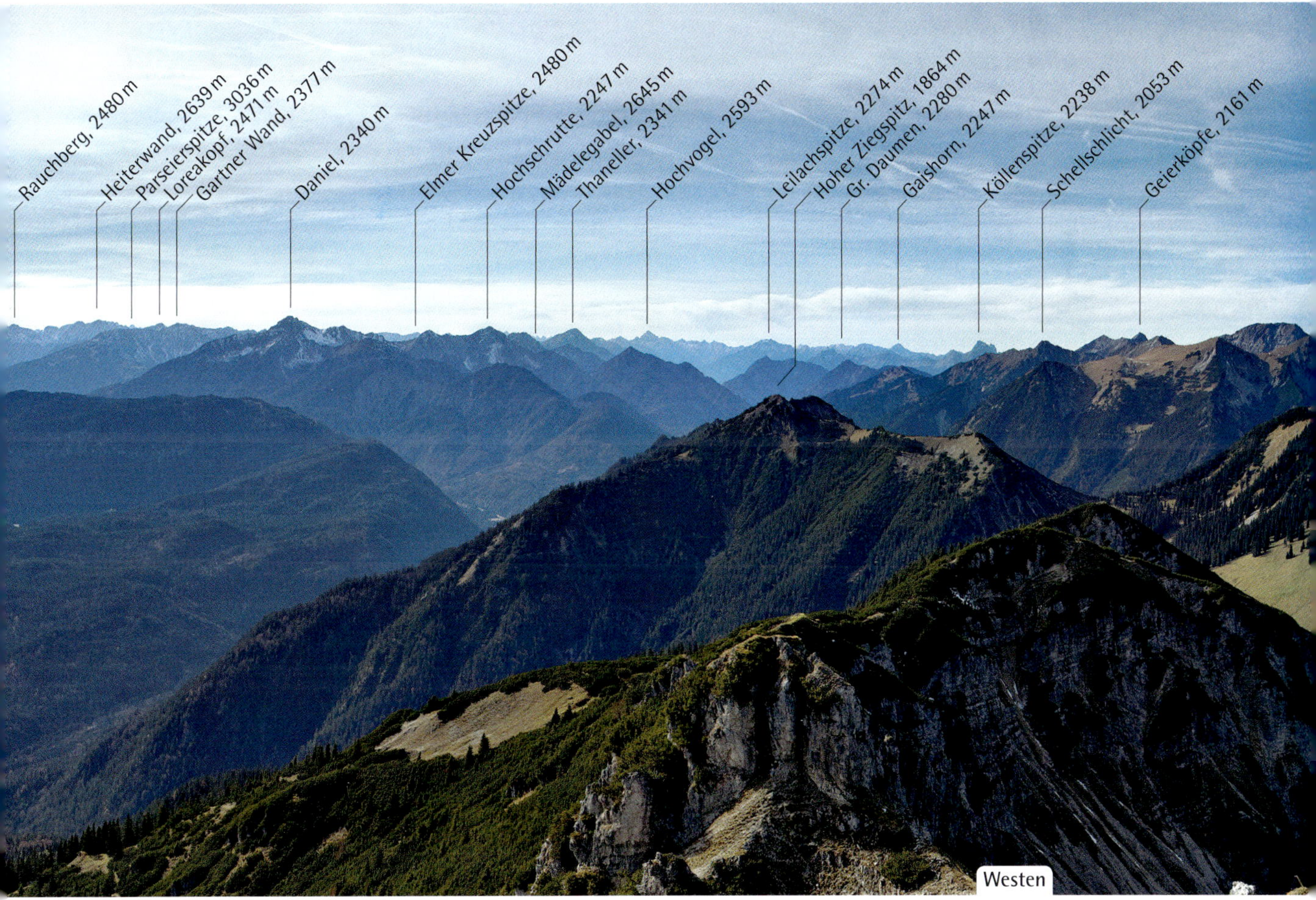
Rauchberg, 2480 m
Heiterwand, 2639 m
Parseierspitze, 3036 m
Loreakopf, 2471 m
Gartner Wand, 2377 m
Daniel, 2340 m
Elmer Kreuzspitze, 2480 m
Hochschrutte, 2247 m
Mädelegabel, 2645 m
Thaneller, 2341 m
Hochvogel, 2593 m
Leilachspitze, 2274 m
Hoher Ziegspitz, 1864 m
Gr. Daumen, 2280 m
Gaishorn, 2247 m
Köllenspitze, 2238 m
Schellschlicht, 2053 m
Geierköpfe, 2161 m
Westen

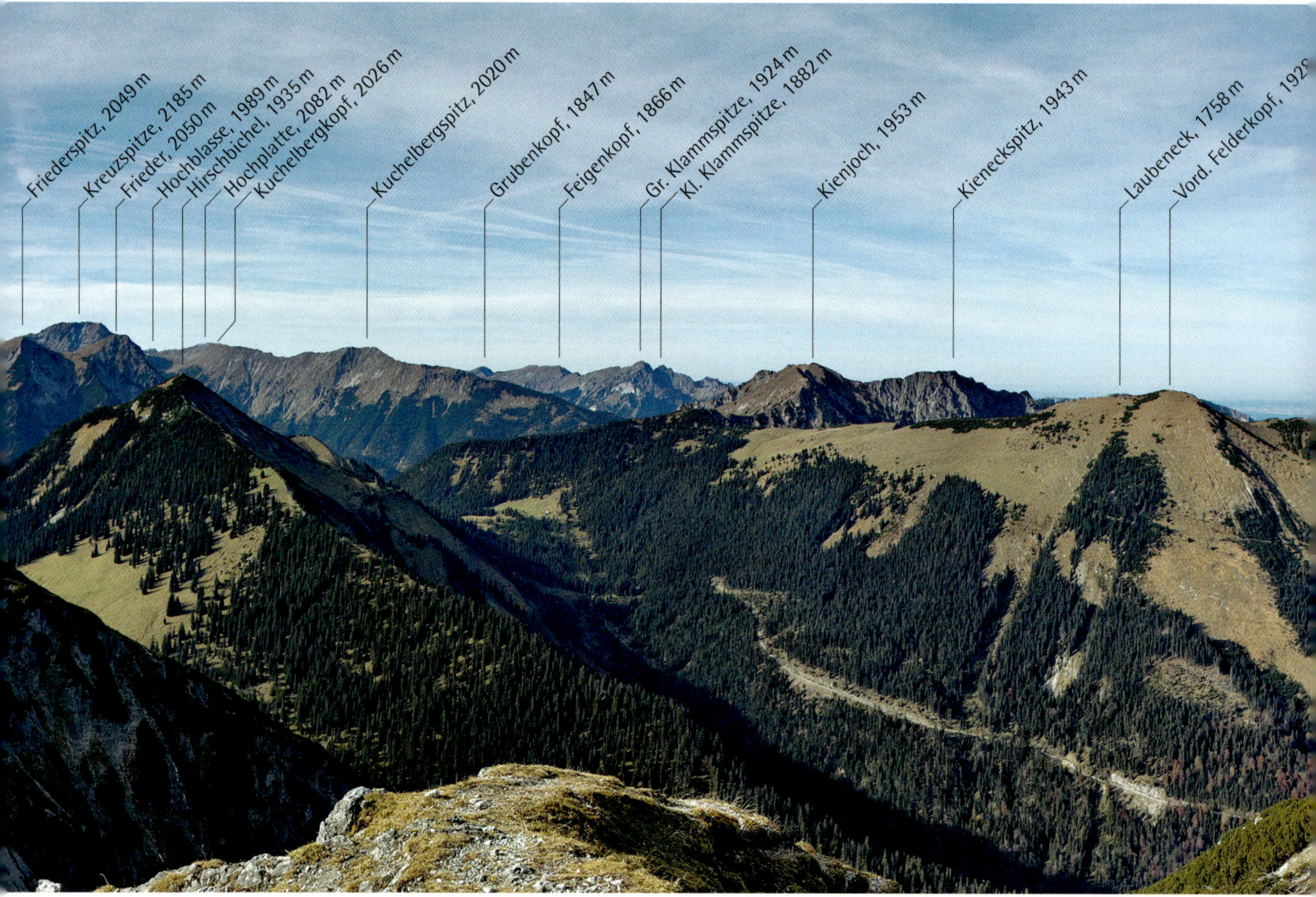
Friederspitz, 2049 m
Kreuzspitze, 2185 m
Frieder, 2050 m
Hochblasse, 1989 m
Hirschbichel, 1935 m
Hochplatte, 2082 m
Kuchelbergkopf, 2026 m
Kuchelbergspitz, 2020 m
Grubenkopf, 1847 m
Feigenkopf, 1866 m
Gr. Klammspitze, 1924 m
Kl. Klammspitze, 1882 m
Kienjoch, 1953 m
Kieneckspitz, 1943 m
Laubeneck, 1758 m
Vord. Felderkopf

Soiernspitze, 2257 m
Rißer Falk, 2413 m
Vogelkarspitze, 2522 m
Wörner, 2474 m
Garmisch-Partenkirchen
Birkkarspitze, 2749 m
Marxenkarspitze, 2636 m
Westl. Karwendelsp., 2385 m
Pleisenspitze, 2569 m
Gr. Lafatscher, 2696 m
W. Praxmarerkarsp., 2642 m
Mittl. Jägerkarsp., 2608 m
Ob. Wettersteinsp., 2298 m
Wettersteinwand, 2484 m
Wettersteinkopf, 2433 m
Musterstein, 2477 m

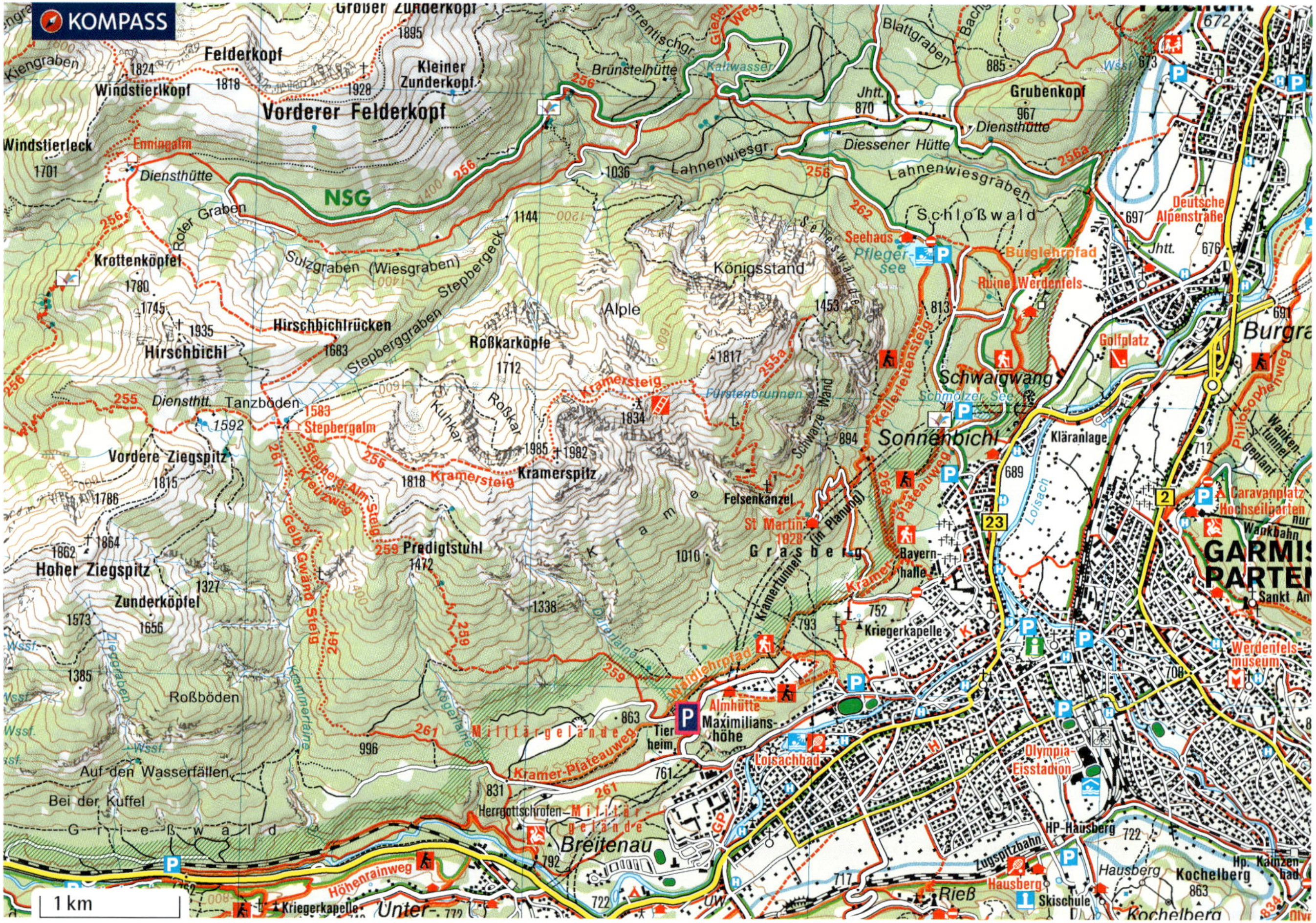

KOMPASS
Großer Zunderkopf
Felderkopf
Windstierlkopf
Kleiner Zunderkopf
Vorderer Felderkopf
Windstierleck
Enningalm
Diensthütte
NSG
Brünstelhütte
Kaltwasser
Blattgraben
Grubenkopf
Diessener Hütte
Diensthütte
Lahnenwiesgr.
Lahnenwiesgraben
Schloßwald
Seehaus
Pflegersee
Burglehrpfad
Ruine Werdenfels
Deutsche Alpenstraße
Roter Graben
Krottenkopf
Sulzgraben (Wiesgraben)
Stepbergeck
Königsstand
Alple
Hirschbichlrücken
Hirschbichl
Stepberggraben
Roßkarköpfe
Golfplatz
Burgrain
Schwaigwang
Schmölzer See
Fürstenbrunnen
Kramersteig
Kellerleitensteig
Diensthtt.
Tanzböden
Stepbergalm
Sonnenbichl
Kläranlage
Vordere Ziegspitz
Kramerspitz
Kunkar
Roßkar
Schwarze Wand
Philosophenweg
Wankentunnel
Felsenkanzel
St. Martin
Kramertunnel (in Planung)
Plateauweg
Stepberg-Alm-Steig
Kreuzweg
Gelb Gwänd Steig
Predigtstuhl
Grasberg
Kramer
Bayernhalle
Caravanplatz
Hochseilgarten
Wankbahn
GARMISCH-PARTENKIRCHEN
Hoher Ziegspitz
Zunderköpfel
Kriegerkapelle
Werdenfels-museum
Waldlehrpfad
Almhütte
Maximilianshöhe
Tierheim
Militärgelände
Roßböden
Loisachbad
Olympia-Eisstadion
Kramer-Plateauweg
Auf den Wasserfällen
Bei der Kuffel
Grießwald
Herrgottschrofen
Breitenau
HP-Hausberg
Hausberg
Kochelberg
Zugspitzbahn
Skischule
Rieß
Höhenrainweg
Kriegerkapelle
Loisach
1 km

Sehr lohnender Aussichtsberg! Im Norden breitet sich eine grüne Hochfläche aus, im Osten umrahmt die Isar das Karwendelgebirge und im Süden wandert unser Blick über die gesamte Breite des Wettersteingebirges.

Der Krottenkopf ist aus den umliegenden Tälern kaum zu sehen, doch bietet der höchste Gipfel der Bayerischen Voralpen eine famose Aussicht.

Charakter des Weges: Relativ unschwierige, abwechslungsreiche, aber sehr lange Wanderung; im oberen Bereich sehr sonnig; gut beschildert; Trittsicherheit und sehr gute Kondition erforderlich.

Ausgangspunkt: Waldparkplatz in Verlängerung der Schellenbergstraße, 82438 Eschenlohe
Höhenangaben: Tal 680 m; Berg 2086 m; im Aufstieg 1510 Hm inklusive 110 Hm Gegenanstiege
Einkehrmöglichkeiten/Unterkunft: Weilheimer Hütte mit Übernachtungsmöglichkeit, 1965 m (www.dav-weilheim.de); Esterbergalm, 1264 m

Wegbeschreibung:
Aufstieg: Wir beginnen den Aufstieg auf einer Forststraße, die wir erst auf ca. 1000 m verlassen, um rechts einen abwechslungsreichen Waldweg einzuschlagen. Auf dem Weg zum Pustertal-Jagdhaus passieren wir eine Quelle und Drahtseil gesicherte Passagen. Der Weiterweg ist steiler und führt über Geröllreißen zum Grat, der zur Hohen Kiste hinaufführt. Diesen Gipfel nehmen wir in einer Überschreitung mit (leichte Kraxelei im ostseitigen Aufstieg und etwas einfacherer südseitiger Abstieg) und queren auf Weg 472 zur Weilheimer Hütte. Es folgt der einfache Schlussaufstieg. Gehzeit 4:00 h.
Abstieg: Gleicher Weg zurück (unterhalb der Hohe Kiste queren) in 3:00 h.
MTB-Anfahrt: Auf der Forststraße gut fahrbar bis zu einer Hütte auf 1650 m; bei der Abfahrt die Schranke kurz vor dem Parkplatz nicht übersehen!
Rundtour: (a) Abstieg westlich um den Bischof herum ins Frickenkar und dort steil (teilweise schmierig) hinunter nach Oberau in 2:45 h; (b) direkter Abstieg über die Esterbergalm unschwierig nach Garmisch-Partenkirchen in 4:30 h. Mit dem Zug nach Eschenlohe zurück.

Staffelsee
Uffing
Murnau
Riegsee
Archtalkopf, 1927 m
Starnberger See
Hirschberg, 1659 m
Hohe Kiste, 1922 m
Norden

Auerberg, 1055 m
Laber, 1686 m
Ettaler Manndl, 1633 m
Oberer Rißkopf, 2049 m
Hint. Hörnle
1548 m
Peißenberg, 988 m

…itze, 2106 m
Krapfenkarspitze, 2109 m
Sonnjoch, 2457 m
Rißer Falk, 2413 m
Soiernspitze, 2257 m
Krün
Östl. Karwendelsp., 2537 m
Vogelkarspitze, 2522 m
Grubenkarspitze, 2663 m
Birkkarspitze, 2749 m
Mittl. Ödkarspitze, 2745 m
Hochkarspitze, 2482 m
Wörner, 2474 m
Gr. Seekarspitze, 2677 m
Gr. Riedlkarspitze, 2585 m
Tiefkarspitze, 2430 m
Pleisenspitze, 2569 m
Barmsee
Westl. Karwendelsp., 2385 m
Nördl. Linderspitze, 2372 m
Rotwandlspitze, 2191 m
Gr. Solstein, 2541 m
Erlspitze, 2405 m

Arnplattenspitze, 2171 m
Untere Wettersteinsp., 2151 m
Obere Wettersteinsp., 2298 m
Ruderhofspitze, 3474 m
Wettersteinwand, 2484 m
Öfelekopf, 2478 m
Musterstein, 2477 m
Leutascher Dreitorsp., 2682 m
Partenk. Dreitorsp., 2633 m
Oberreintalschrofen, 2523 m
Hohe Munde, 2662 m
Hinterreintalschrofen, 2670 m
Hochwanner, 2744 m
Hochplattig, 2768 m
Alpspitze, 2628 m
Wank, 1780 m
Mittlere Höllentalsp., 2743 m
Zugspitze, 2962 m
Gr. Waxenstein, 2277 m
Süden

Muttekopf, 2774 m
Heiterwand, 2639 m
Namloser Wettersp., 2553 m
Daniel, 2340 m
Hoher Fricken, 1940 m
Kramer, 1985 m
Thaneller, 2341 m
Bischof, 2033 m
Hochvogel, 2593 m
Hirschbichel, 1935 m
Friederspitz, 2049 m
Vord. Felderkopf, 1928 m
Geierköpfe, 2161 m
Kreuzspitze, 2185 m
Säuling, 2047 m
Hochplatte, 2082 m
Geiselstein, 1884 m
Notkarspitze, 1889 m
Edelsberg, 1630 m
Gr. Klammspitze, 1924 m
Hennenkopf, 1768 m
Teufelstättkopf, 1758 m
Sonnenberg, 1622
Westen

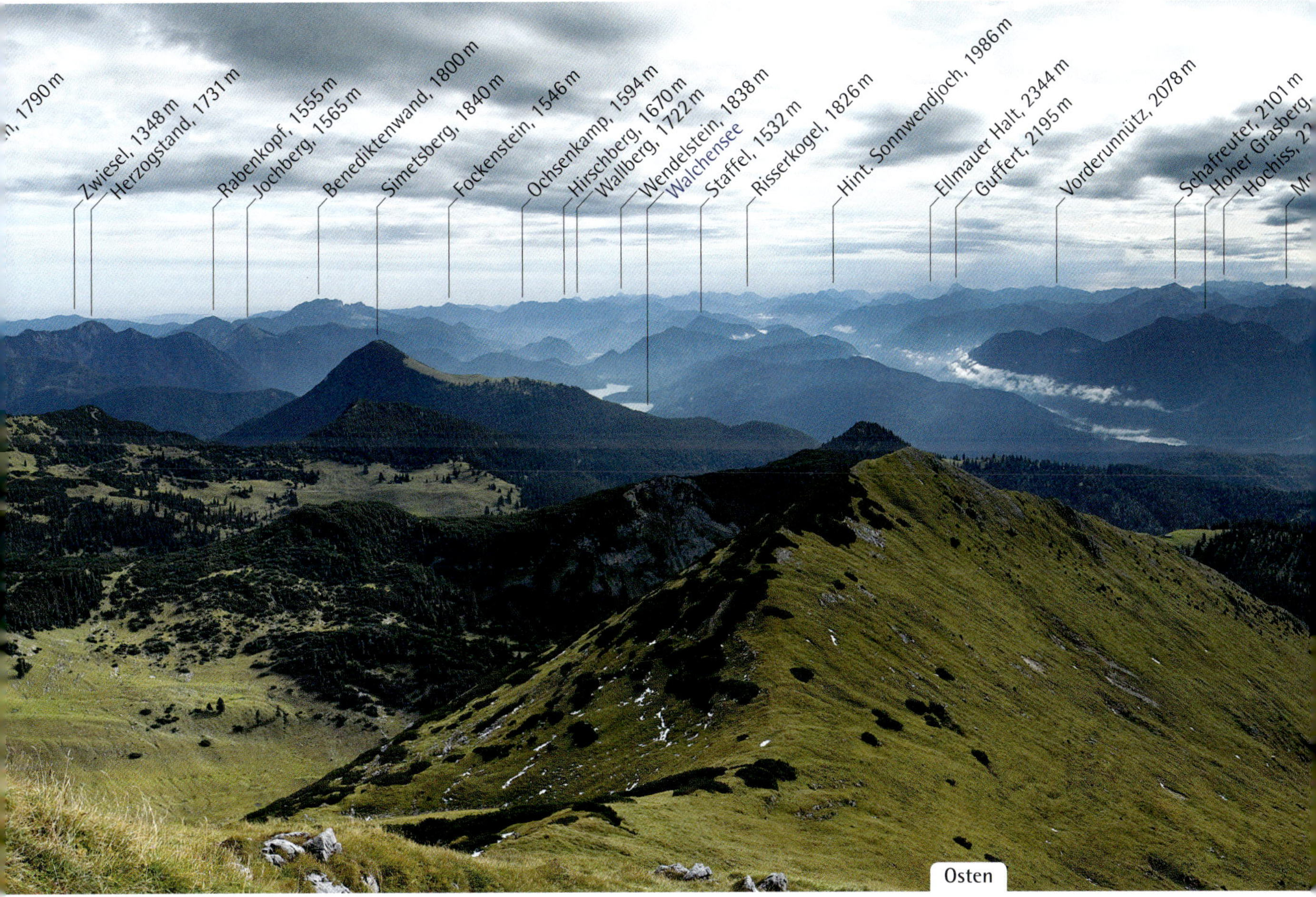

…n, 1790 m
Zwiesel, 1348 m
Herzogstand, 1731 m
Rabenkopf, 1555 m
Jochberg, 1565 m
Benediktenwand, 1800 m
Simetsberg, 1840 m
Fockenstein, 1546 m
Ochsenkamp, 1594 m
Hirschberg, 1670 m
Wallberg, 1722 m
Wendelstein, 1838 m
Walchensee
Staffel, 1532 m
Risserkogel, 1826 m
Hint. Sonnwendjoch, 1986 m
Ellmauer Halt, 2344 m
Guffert, 2195 m
Vorderunnütz, 2078 m
Schafreuter, 2101 m
Hoher Grasberg,
Hochiss, 22…
Osten

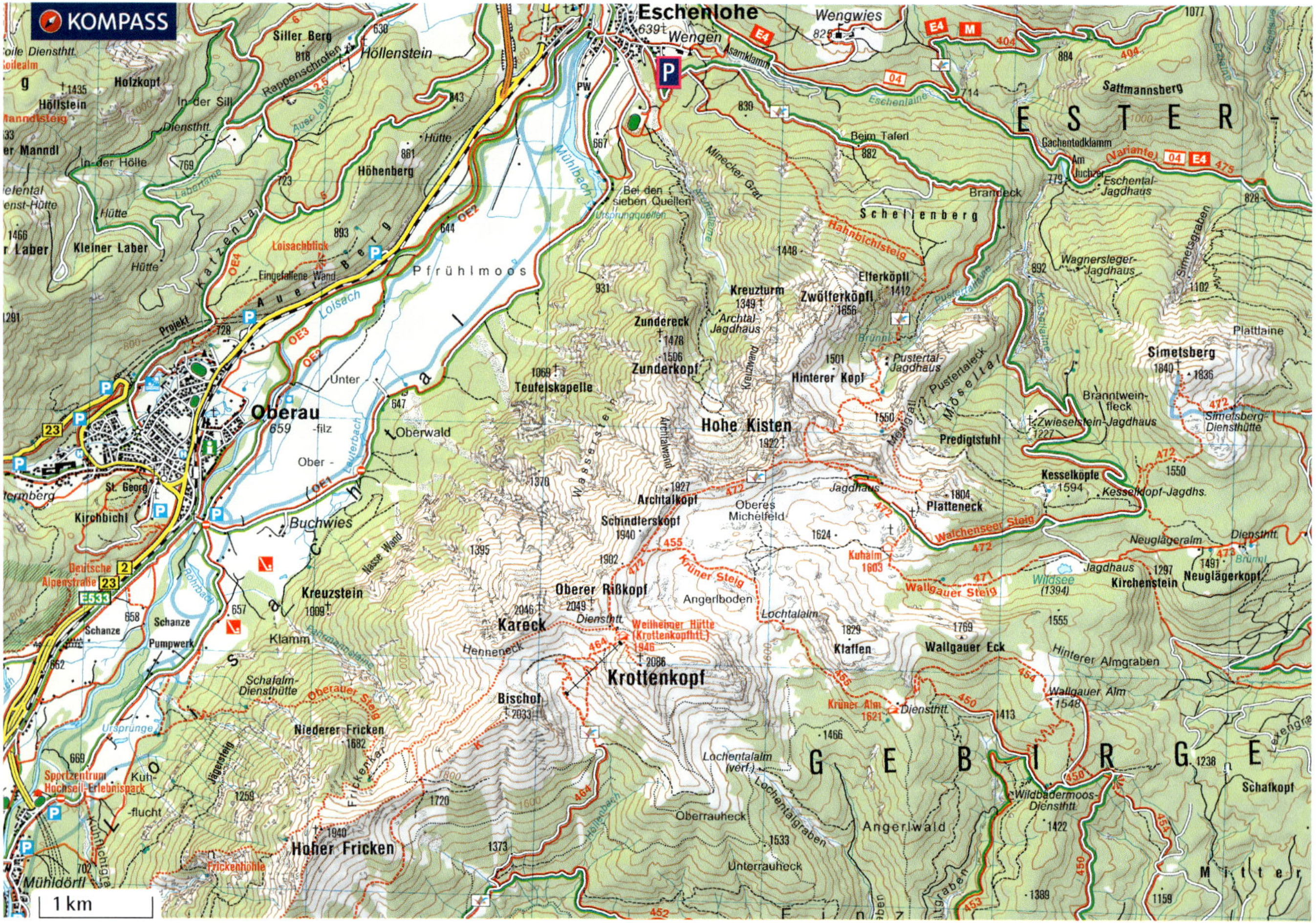
KOMPASS
Eschenlohe
639
Wengen
Wengwies
825
Siller Berg
818
Höllenstein
630
Holzkopf
Höllstein
1435
Manndlsteig
In der Sill
Rappenschrofen
Dienststt.
843
Hütte
861
Höhenberg
In der Hölle
769
723
Kleiner Laber
Hütte
893
Loisachblick
Eingefallene Wand
Auer Berg
644
Pfrühlmoos
Loisach
Mühlbach
Bei den sieben Quellen
Ursprungquellen
667
PW
Asamklamm
Eschenlaine
830
Beim Taferl
882
Sattmannsberg
884
E S T E R
Gachentodklamm
Am Iuchzer
Eschental-Jagdhaus
(Variante)
779
828
Minecker Grat
Brandeck
Schellenberg
Hahnbichlsteig
1448
Wagnersteger-Jagdhaus
892
Simetsgraben
1102
931
Kreuzturm
1349
Zwölferköpfl
1656
Elferköpfl
1412
Archtal-Jagdhaus
Zundereck
1478
1506
Zunderkopf
Kreuzwand
Hinterer Kopf
1501
Pustertal-Jagdhaus
Brunnl
Pustertaleck
Mösental
Simetsberg
1840
1836
Plattlaine
Branntweinfleck
Zwieselstein-Jagdhaus
1227
Simetsberg-Diensthütte
Projekt
728
Unter
Oberau
659
-filz
647
Oberwald
Ober -
Teufelskapelle
1069
Wassersteinhal
Hohe Kisten
1922
Archtalwand
1550
Predigtstuhl
Kesselköpfe
1594
Kesselkopf-Jagdhs.
1550
St. Georg
Kirchbichl
Buchwies
1370
1927
Archtalkopf
Oberes Michelfeld
Jagdhaus
1804
Platteneck
Walchensee Steig
Schindlerskopf
1940
1624
Kuhalm
1603
Neuglägeralm
Diensthtt.
1491
Brünnl
Neuglägerkopf
Deutsche Alpenstraße
1395
Nasse Wand
1902
Krüner Steig
Angerboden
Wallgauer Steig
Wildsee
(1394)
Jagdhaus
1297
Kirchenstein
Kreuzstein
1009
Oberer Rißkopf
2049
2046
Lochtalalm
658
Schanze
Schanze
Pumpwerk
657
Klamm
Kareck
Diensthtt.
Weilheimer Hütte (Krottenkopfhtt.)
1946
1829
Klaffen
1769
Wallgauer Eck
1555
Henneneck
2086
Krottenkopf
Hinterer Almgraben
Schafalm-Diensthütte
Oberauer Steig
Bischof
2033
Krüner Alm
1621
Diensthtt.
Wallgauer Alm
1548
Niederer Fricken
1682
Ursprünge
1413
1466
Frickenkar
Sportzentrum Hochseil-Erlebnispark
Jägersteig
1259
Lochentalalm (verf.)
G E B I R G E
1238
Schafkopf
1720
Wildbadermoos-Diensthtt.
Kuh-
-flucht
Oberrauheck
Lochentalgraben
1422
1940
Hoher Fricken
1373
1533
Angerlwald
Frickenhöhle
Unterrauheck
702
Mühldörfl
1389
1159
Mitter
1 km

Einer der beliebtesten Münchner Aussichtsberge. Im Norden breitet sich das Voralpenland mit seinen vielen Seen aus, im Süden streicht unser Blick über die zahllosen Karwendelgipfel und sogar bis zu den Stubaier Alpen.

Als eine Besonderheit in den Münchner Hausbergen steht auf dem Herzogstandgipfel kein Kreuz sondern ein Pavillon.

Charakter des Weges: Unschwierige Wanderung; gut beschildert; die Überschreitung zum Heimgarten ist deutlich schwieriger und erfordert Trittsicherheit, Schwindelfreiheit und gute Kondition.

Ausgangspunkt: Gebührenpflichtiger Parkplatz an der Talstation der Herzogstandbahn: Am Tanneneck 11, 82432 Walchensee/Kochel am See
Höhenangaben: Tal 810 m; Berg 1731 m; im Aufstieg 920 Hm
Einkehrmöglichkeiten/Unterkunft: Herzogstandhaus mit Übernachtungsmöglichkeit, 1575 m (www.berggasthaus-herzogstand.de); Heimgarten-Hütte, 1780 m

Wegbeschreibung:
Aufstieg: Auf dem Südanstieg, der rechts der Herzogstandbahn beginnt, erreichen wir in 2:00 h relativ unschwierig mit nur einer abschüssigen Passage (Drahtseilsicherung) das Herzogstandhaus. Von hier erblicken wir nun den Herzogstand, den wir in weiteren 0:40 h erreichen.
Abstieg: Der oben beschriebene Aufstieg führt in 2:15 h zum Parkplatz.
Rundtour: Sehr beliebt ist die Rundtour, die vom Gipfel des Herzogstands auf einem luftigen Gratweg zum Heimgarten (1790 m) und über die unbewirtschaftete Ohlstädter Alm zurück zum Parkplatz führt. Trittsicherheit und Schwindelfreiheit auf dem Gratweg sind absolute Voraussetzungen für diese Tour mit 3:30 h Gehzeit ab Herzogstand.
Alternativer Ausgangspunkt: Vom Kesselbergjoch auf 859 m (Parkplätze vorhanden) führt ein leichter Forstweg in 2:00 h zum Herzogstandhaus.
Herzogstandbahn: Preise und Betriebszeiten unter www.herzogstandbahn.de. Die Bergstation liegt auf 1600 m etwa zehn Gehminuten vom Herzogstandhauses entfernt. Zum Gipfel sind es 45 min.

Westl. Karwendelsp., 2385 m
Wilder Freiger, 3418 m
Reither Spitze, 2374 m
Ruderhofspitze, 3474 m
Lüsener Fernerkogel, 3298 m
Gr. Arnspitze, 2196 m
Peider Spitze, 2808 m
Strahlkogel, 3288 m
Obere Wettersteinsp., 2298 m
Wettersteinwand, 2484 m
Leutascher Dreitorsp., 2682 m
Partenk. Dreitorsp., 2633 m
Simetsberg, 1840 m
Hochwanner, 2744 m
Alpspitze, 2628 m
Mittlere Höllentalsp., 2743 m
Zugspitze, 2962 m
Krottenkopf, 2086 m
Oberer Rißkopf, 2049 m
Hohe Kiste, 1922 m
Daniel, 2340 m
Kramer, 1985 m
Thar
Süden

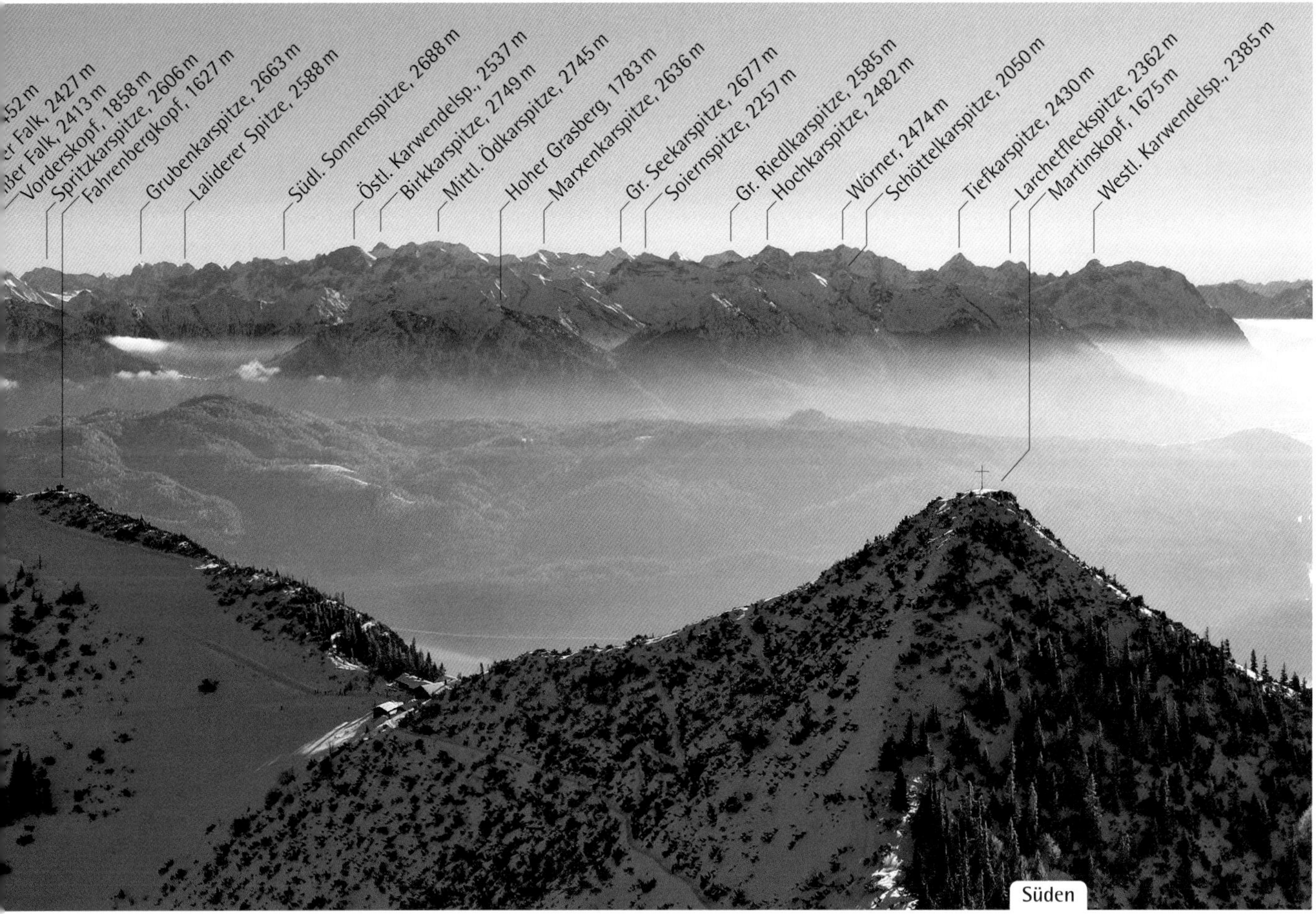

52 m
er Falk, 2427 m
ßer Falk, 2413 m
Vorderskopf, 1858 m
Spritzkarspitze, 2606 m
Fahrenbergkopf, 1627 m
Grubenkarspitze, 2663 m
Laliderer Spitze, 2588 m
Südl. Sonnenspitze, 2688 m
Östl. Karwendelsp., 2537 m
Birkkarspitze, 2749 m
Mittl. Ödkarspitze, 2745 m
Hoher Grasberg, 1783 m
Marxenkarspitze, 2636 m
Gr. Seekarspitze, 2677 m
Soiernspitze, 2257 m
Gr. Riedlkarspitze, 2585 m
Hochkarspitze, 2482 m
Wörner, 2474 m
Schöttelkarspitze, 2050 m
Tiefkarspitze, 2430 m
Larchetfleckspitze, 2362 m
Martinskopf, 1675 m
Westl. Karwendelsp., 2385 m
Süden

Riegsee
Weilheim
Ammersee
Großweil
Karpfsee
Starnberger See
Schlehdorf
Eichsee
Penzberg
Norden

Loisach
Benediktbeuern
Kochel
Zwiesel, 1348 m
Rabenkopf, 1555 m
Benediktenwand, 1800 m
Jochberg, 1565 m
Breitenstein, 1622 m
Hirschhörnlkopf, 1514 m
Wendelstein, 1838 m
Hochmiesing, 1883 m
Roßstein, 1698 m
Risserkogel, 1826 m
Hint. Sonnwendjoch, 1986 m
Halserspitz, 1862 m
Ellmauer Halt, 2344 m
Osten

Birnhorn, 2631 m
Guffert, 2195 m
Bischof, 2127 m
Staffel, 1532 m
Hinterunnütz, 2007 m
Juifen, 1988 m
Demeljoch, 1923 m
Hoher Tenn, 3368 m
Rofanspitze, 2259 m
Schreckenspitze, 2022 m
Hochiss, 2299 m
Großglockner, 3798 m
Seebergspitze, 2085 m
Walchensee
Großvenediger, 3662 m
Mondscheinspitze, 2106 m
Schafreuter, 2101 m
Bettlerkarspitze, 2268 m
Sonnjoch, 2457 m

Kreuzspitze, 2185 m
Hirschberg, 1659 m
Köllenspitze, 2389 m
Laber, 1686 m
Hochplatte, 2082 m
Heimgarten, 1790 m
Hinteres Hörnle, 1548 m
Auerberg, 1055 m
Staffelsee
Murnau
Westen

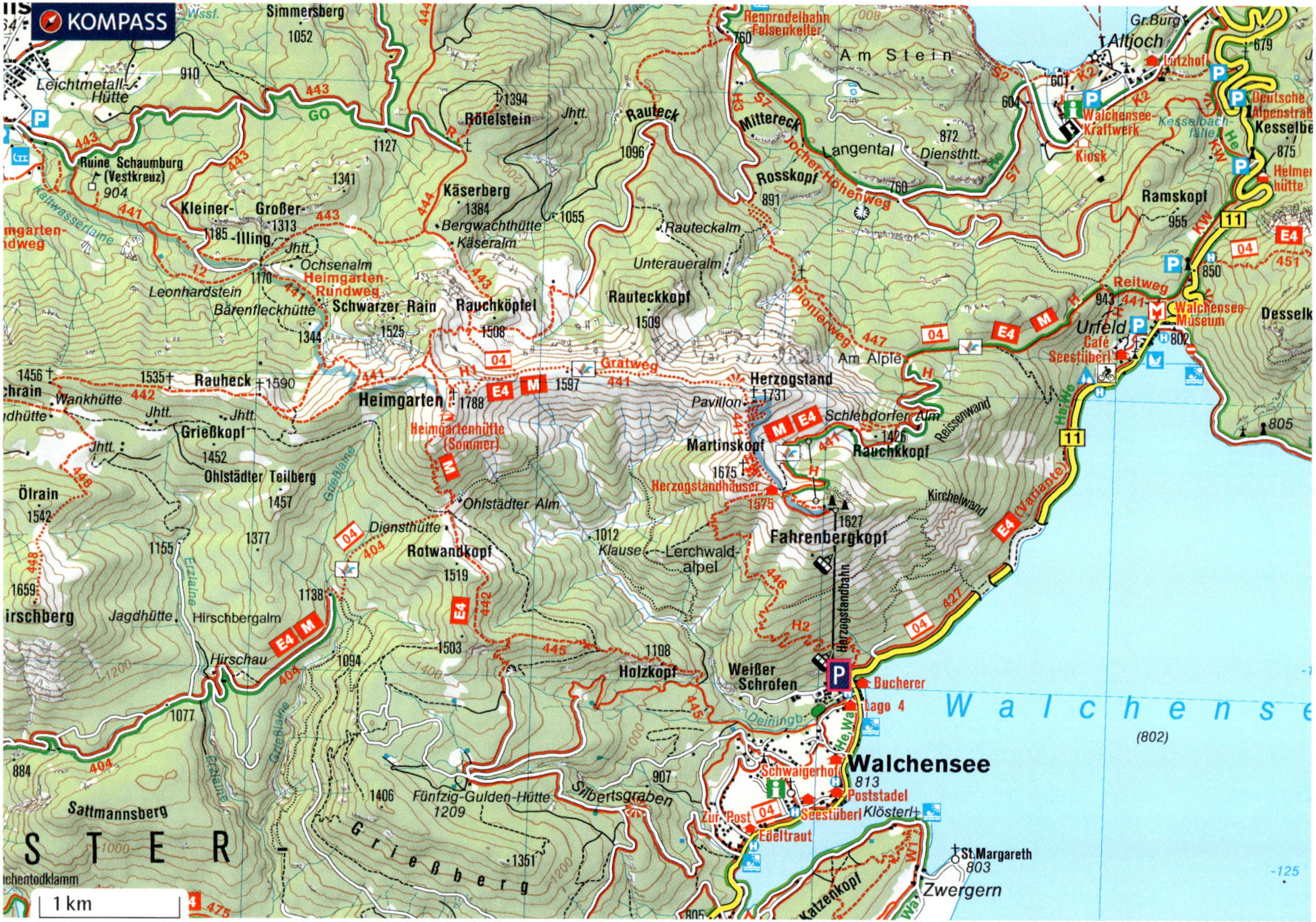
KOMPASS
Simmersberg
1052
Leichtmetall-Hütte
Ruine Schaumburg (Vestkreuz)
904
Kleiner- Großer- Illing
Ochsenalm
Heimgarten-Rundweg
Leonhardstein
Bärenfleckhütte
Schwarzer Rain
Rauchköpfel
Rötelstein
Käserberg
Bergwachthütte
Käseralm
Rauteck
Rauteckalm
Unteraueralm
Rauteckkopf
Mitterreck
Rosskopf
Jocher Höhenweg
Langental
Am Stein
Rennrodelbahn Felsenkeller
Altjoch
Gr. Burg
Lutzhof
Walchensee-Kraftwerk
Kiosk
Kesselbachfälle
Deutsche Alpenstraße
Kesselberg
Helmer hütte
Ramskopf
Reitweg
Urfeld
Walchensee-Museum
Café Seestüberl
Desselkopf
Am Alple
Pionierweg
Gratweg
Herzogstand
Pavillon
Schlehdorfer Alm
Reissenwand
Martinskopf
Rauchkopf
Herzogstandhäuser
Kirchelwand
E4 (Variante)
Fahrenbergkopf
Herzogstandbahn
Lerchwaldalpel
Klause
Heimgarten
Heimgartenhütte (Sommer)
Ohlstädter Alm
Diensthütte
Rotwandkopf
Rauheck
Wankhütte
Grießkopf
Ohlstädter Teilberg
Ölrain
Hirschberg
Jagdhütte
Hirschbergalm
Hirschau
Holzkopf
Weißer Schrofen
Bucherer
Lago 4
Walchensee
813
Schwaigerhof
Poststadel
Seestüberl
Zur Post
Edeltraut
Klösterl
St. Margareth
803
Zwergern
Katzenkopf
Walchensee
(802)
Fünfzig-Gulden-Hütte
1209
Silbertsgraben
Grießberg
Sattmannsberg
1 km

Exzellenter Aussichtsberg mit abwechslungsreichem Rundumblick! Das Karwendelgebirge präsentiert sich in seiner gesamten Ost-West-Ausdehnung. In der anderen Richtung überblicken wir das wunderschöne Voralpenland.

Nicht nur die Nordseite sondern auch die hier gezeigte Südseite der Benediktenwand ist sehr felsig. Den Hauptgipfel sehen wir weit links im Bild.

Charakter des Weges: Unschwierige Wanderung; gut beschildert; die Überschreitung der Benediktenwand ist etwas schwieriger; Trittsicherheit und gute Kondition sind erforderlich.

Ausgangspunkt: Parkplatz neben dem Alpenwarmbad: Schwimmbadstr. 32, 83671 Benediktbeuern, oder an der Kreuzung Am Weidach/Wurzweg
Höhenangaben: Tal 650 m; Berg 1800 m; im Aufstieg 1150 Hm
Einkehrmöglichkeiten / Unterkunft: Tutzinger Hütte mit Übernachtungsmöglichkeit, 1327 m (www.dav-tutzinger-huette.de)

Wegbeschreibung:
Aufstieg: Auf einem Forstweg durch das Lainbachtal (Weg 456) über die nicht bewirtschaftete Söldner Hütte in 2:30 h zur Tutzinger Hütte. Von dort über den westlichen Anstieg (Weg 455) auf dem langen Rücken zum Gipfel. Gehzeit 4:30 h.
Abstieg: Auf oben beschriebenem Weg in 3:45 h zurück zum Parkplatz.
MTB-Anfahrt: Ab Alpenwarmbad bis zur Materialseilbahn der Tutzinger Hütte auf nur mäßig steilem Forstweg (Weg 455).
Rundtour: Lohenswert ist die Überschreitung der Benediktenwand, die am besten in Ost-West-Richtung durchgeführt wird: Von der Tutzinger Hütte auf Weg 456 zur Ostseite und über drahtseilgesicherte Passagen auf den Gipfelkamm. Auf Weg 455 wieder zurück zur Hütte. Gehzeit: 3:30 h.
Alternativer Ausgangspunkt: Parken in Jachenau, mit dem Bus zur Brauneckbahn (www.brauneck-bergbahn.de), mit der Seilbahn zum Brauneck und über Latschenkopf und Achselköpfe (Schwindelfreiheit notwendig!) zur Benediktenwand; steiler Abstieg zur Glaswandscharte; über Peterer Alm nach Jachenau. Gehzeit 7:00 h. Traumtour!

München
Zwiesel, 1348 m
Bad Tölz
Norden

Osterseen
Ammersee
Benediktbeuern
Penzberg
Bichl
Starnberger See

rn, 1996 m
spitz, 1862 m
Schneidjoch, 1810 m
Guffert, 2195 m
Gr. Wiesbachhorn, 3564 m
Großglockner, 3798 m
Hochunnütz, 2075 m
Hohe Fürleg, 3243 m
Großvenediger, 3662 m
Hochiss, 2299 m
Juifen, 1988 m
Reichenspitze, 3303 m
Demeljoch, 1923 m
Rauchkofel, 3251 m
Napfspitze, 3144 m
Hint. Stangenspitze, 3225 m
Mondscheinspitze, 2106 m
Gr. Löffler, 3378 m
Bettlerkarspitze, 2268 m
Sonnjoch, 2457 m
Hochnissl, 2547 m
Lamsenspitze, 2508 m
Hochglück, 2
Gamsj

er Falk, 2427 m
rubenkarspitze, 2663 m
Schafreuter, 2101 m
Laliderer Spitze, 2588 m
Nördl. Sonnenspitze, 2650 m
Staffel, 1532 m
Kaltwasserkarspitze, 2733 m
Birkkarspitze, 2749 m
Mittl. Ödkarspitze, 2745 m
Östl. Karwendelsp., 2537 m
Vogelkarspitze, 2522 m
Gr. Seekarspitze, 2677 m
Breitgrieskarspitze, 2590 m
Gr. Riedlkarspitze, 2585 m
Pleisenspitze, 2569 m
Hochkarspitze, 2482 m
Wörner, 2474 m
Soiernspitze, 2257 m
Westl. Karwendelsp., 2385 m
Strahlkogel, 3288 m
Gr. Arnspitze, 2196 m
Rietzer Grieskogel, 2884 m
Acherkogel, 3007 m
Wettersteinwand, 2484 m
Leutascher Dreitorsp., 2682 m
Partenk. Dreitorsp., 2633 m
Hochwanner, 2744
Süden

Östl. Griesspitze, 2747 m
Walchensee
Alpspitze, 2628 m
Zugspitze, 2962 m
Hirschhörnlkopf, 1514 m
Krottenkopf, 2086 m
Oberer Rißkopf, 2049 m
Hochschrutte, 2247 m
Thaneller, 2341 m
Jochberg, 1565 m
Herzogstand, 1731 m
Kreuzspitze, 2185 m
Heimgarten, 1790 m
Köllenspitze, 2238 m
Hochplatte, 2082 m
Gr. Klammspitze, 1924 m
Rötelstein, 1394 m
Rabenkopf, 1555 m
Hohe Bleick, 1638 m
Staffelsee
Riegsee
Westen

Hennenkopf, 1614 m
Rechelkopf, 1330 m
Wendelstein, 1838 m
Rotwand, 1884 m
Risserkogel, 1826 m
Buchstein, 1701 m
Ellmauer Halt, 2344
Birnhorn
Osten

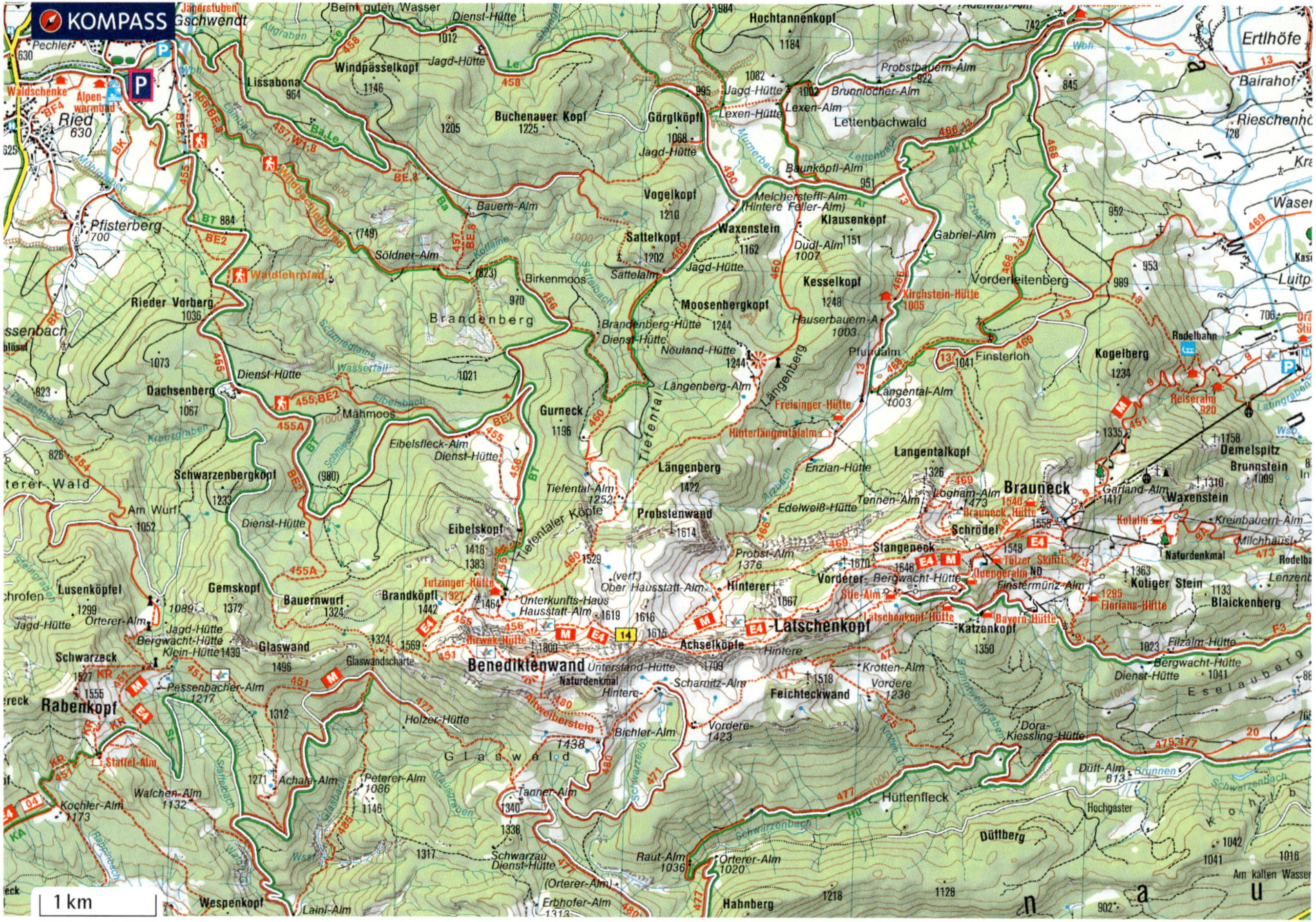

KOMPASS
Gschwendt
Beim guten Wasser
Dienst-Hütte
Hochtannenkopf
Ertlhöfe
Bairahof
Rieschenhof
Pechler
Waldschenke
Alpenwarmbad
Ried
630
Lissabona
964
Windpässelkopf
Jagd-Hütte
Buchenauer Kopf
1225
Görgtköpfl
Lexen-Alm
Lexen-Hütte
Brunnlocher-Alm
Probstbauern-Alm
Lettenbachwald
Baunköpfl-Alm
Melcherstoffl-Alm (Hintere Feller-Alm)
Vogelkopf
Bauern-Alm
Pfisterberg
700
Söldner-Alm
Sattelkopf
Sattelalm
Waxenstein
Klausenkopf
Dudl-Alm
Gabriel-Alm
Vorderleitenberg
Birkenmoos
Brandenberg
Waldlehrpfad
Kesselkopf
Kirchstein-Hütte
Hauserbauern-A.
Rieder Vorberg
1036
Moosenbergkopf
Brandenberg-Hütte
Dienst-Hütte
Neuland-Hütte
Pfundalm
Finsterloh
Kogelberg
1234
Rodelbahn
Dachsenberg
1067
Mahmoos
Längenberg-Alm
Längenberg
Freisinger-Hütte
Längental-Alm
Reiseralm
Gurneck
1196
Eibelsfleck-Alm
Dienst-Hütte
Hinterlängentalalm
Tiefental
Demelspitz
Brunnstein
Schwarzenbergkopf
Längenberg
1422
Langentalkopf
Enzian-Hütte
Am Wurf
Tiefental-Alm
Tiefentaler Köpfe
Probstenwand
Edelweiß-Hütte
Tennen-Alm
Logham-Alm
Brauneck
Brauneck-Hütte
Garland-Alm
Waxenstein
Kotalm
Kreinbauern-Alm
Milchhäusl
Eibelskopf
Dienst-Hütte
Probst-Alm
Schrödel
Stangeneck
Naturdenkmal
Lusenköpfel
Gemskopf
Bauernwurf
Brandköpfl
Tutzinger-Hütte
Ober Hausstatt-Alm
Hinterer
Vorderer
Bergwacht-Hütte
Tölzer Skihütte
Quengeralm
Finstermünz-Alm
Kotiger Stein
Florians-Hütte
Blaickenberg
Unterkunfts-Haus Hausstatt-Alm
Stie-Alm
Latschenkopf-Hütte
Bayern-Hütte
Jagd-Hütte
Orterer-Alm
Bergwacht-Hütte
Klein-Hütte
Glaswand
Latschenkopf
Katzenkopf
Achselköpfe
Hintere
Filzalm-Hütte
Bergwacht-Hütte
Schwarzeck
Glaswandscharte
Benediktenwand
Unterstand-Hütte
Krotten-Alm
Dienst-Hütte
Eselauberg
Naturdenkmal
Scharnitz-Alm
Feichteckwand
Rabenkopf
Pessenbacher-Alm
Holzer-Hütte
Altweibersteig
Vordere
Dora-Kiessling-Hütte
Staffel-Alm
Bichler-Alm
Glaswald
Achala-Alm
Peterer-Alm
Düft-Alm
Kochler-Alm
Walchen-Alm
Tanner-Alm
Hüttenfleck
Hochgaster
Dürrberg
Schwarzau Dienst-Hütte
Raut-Alm
Orterer-Alm
(Orterer-Alm)
Erbhofer-Alm
Wespenkopf
Lainl-Alm
Hahnberg
Am kalten Wasser
1 km

Immer wieder schön! Fast sämtliche Berge der Bayerischen Voralpen sind zu erkennen, dahinter reihen sich Kaiser-, Rofan-, Karwendel- und Wettersteingebirge; aus der Ferne grüßen Großglockner, Großvenediger und Olperer.

Der Fockenstein ist nicht allzu hoch, aber gewaltig in seiner Aussicht. Er ist in eine sanfte, waldreiche Hügellandschaft eingebettet.

Charakter des Weges: Unschwierige, aber etwas längere Wanderung auf breiten Wegen; gut beschildert; nur die Schlusspassage ist etwas schwieriger und erfordert Trittsicherheit.

Ausgangspunkt: Gebührenpflichtiger Parkplatz am Ende der Hohenburgstraße, 83661 Lenggries
Höhenangaben: Tal 715 m; Berg 1564 m; im Aufstieg 850 Hm
Einkehrmöglichkeiten/Unterkunft: Aueralm, 1299 m (www.aueralm.de)

Wegbeschreibung:
Aufstieg: Auf dem breiten Forstweg im Hirschbachtal bis zum Hirschtalsattel (1224 m); dort nach links auf einem gut angelegtem Bergweg; unterhalb des Gipfels eine kurze felsige Passage. Gehzeit 2:45 h.
Abstieg: Auf gleichem Weg in 2:00 h wieder zurück.
Rundtour: Vom Fockenstein steigen wir auf Weg 611 westlich ab, erreichen einen Forstweg, folgen weiteren Schildern und ersteigen nun auf einem manchmal rutschigen Weg den Geigerstein (1491 m). Von hier weiter westwärts zum Teil überraschend steil bergab. Wir passieren einen wunderbaren Aussichtspunkt, steigen in Buchenwäldern ab, gelangen an einen kleinen See und sind damit bald am Parkplatz. Gehzeit ab Fockenstein: 2:45 h.
Alternativer Ausgangspunkt: Wanderparkplatz (830 m) am Ende des Sonnenbichlwegs in 83707 Bad Wiessee. Drei Wegoptionen bieten sich an: Entweder durch das Zeiselbachtal, über die Wachselmoosalm südlich davon oder über den Wiesseer Höhenweg nördlich vom Zeiselbachtal zur Aueralm, wo sich alle drei Wege treffen. Von dort auf leichtem Weg weiter zum Gipfel. Unschwierige Wanderung mit etwa 2:30 h – 3:00 h Gehzeit je nach Weg im Aufstieg und etwa 2:00 h im Abstieg.

Rechelkopf, 1330 m

Simetsberg, 1840 m
Kreuzspitze, 2185 m
Benediktenwand, 1800 m
Geigerstein, 1491 m
Gr. Klammspitze, 1924 m
Grünten, 1738 m
Hohe Bleick, 1638 m
Buchenauer Kopf, 1225 m
Zwiesel, 1348 m
Lenggries
Westen

…ut, 1261 m
Gindelalmschneid, 1335 m
Tegernsee
Tegernsee
Baumgartenschneid, 1448 m
Breitenstein, 1622 m
Kampenwand, 1668 m
Wendelstein, 1838 m
Jägerkamp, 1746 m
Bodenschneid, 1669 m
Hochmiesing, 1883 m
Wallberg, 1722 m
Ellmauer Halt, 2344 m
Setzberg, 1706 m
Hint. Sonnwendjoch, 1986 m
Risserkogel, 1826 m
Österr. Sch…
Ba…
Osten

…inder, 1796 m
Hirschberg, 1670 m
Großglockner, 3798 m
Blessachkopf, 3050 m
Halserspitz, 1862 m
Großvenediger, 3662 m
Guffert, 2195 m
Reichenspitze, 3303 m
Ochsenkamp, 1594 m
Rofanspitze, 2259 m
Buchstein, 1701 m
Hochiss, 2299 m
Roßstein, 1698 m
Auerkamp, 1607 m
Schwarzenstein, 3369 m
Turnerkamp, 3420 m
Seekarspitze, 2053 m
Spitzkamp, 1604 m
Olperer, 3476 m
Mondscheinspitze, 2106 m
Süden

Hochnissl, 2547 m
Sonnjoch, 2457 m
Juifen, 1988 m
Seekarkreuz, 1601 m
Eiskarlspitz, 2610 m
Gamsjoch, 2452 m
Grubenkarspitze, 2663 m
Demeljoch, 1923 m
Laliderer Spitze, 2588 m
Nördl. Sonnenspitze, 2650 m
Kaltwasserkarspitze, 2733 m
Birkkarspitze, 2749 m
Mittl. Ödkarspitze, 2745 m
Schafreuter, 2101 m
Östl. Karwendelsp., 2537 m
Vogelkarspitze, 2522 m
Pleisenspitze, 2569 m
Hochkarspitze, 2482 m
Wörner, 2474 m
Soiernspitze, 2257 m
Isar
Hohe Munde, 2662 m
Staffel, 1532 m
Partenk. Dreitorsp., 2633 m
Hochwanner, 2744 m
Grünstein, 2661 m
Alpspitze, 2628 m

Huder, 1403 m

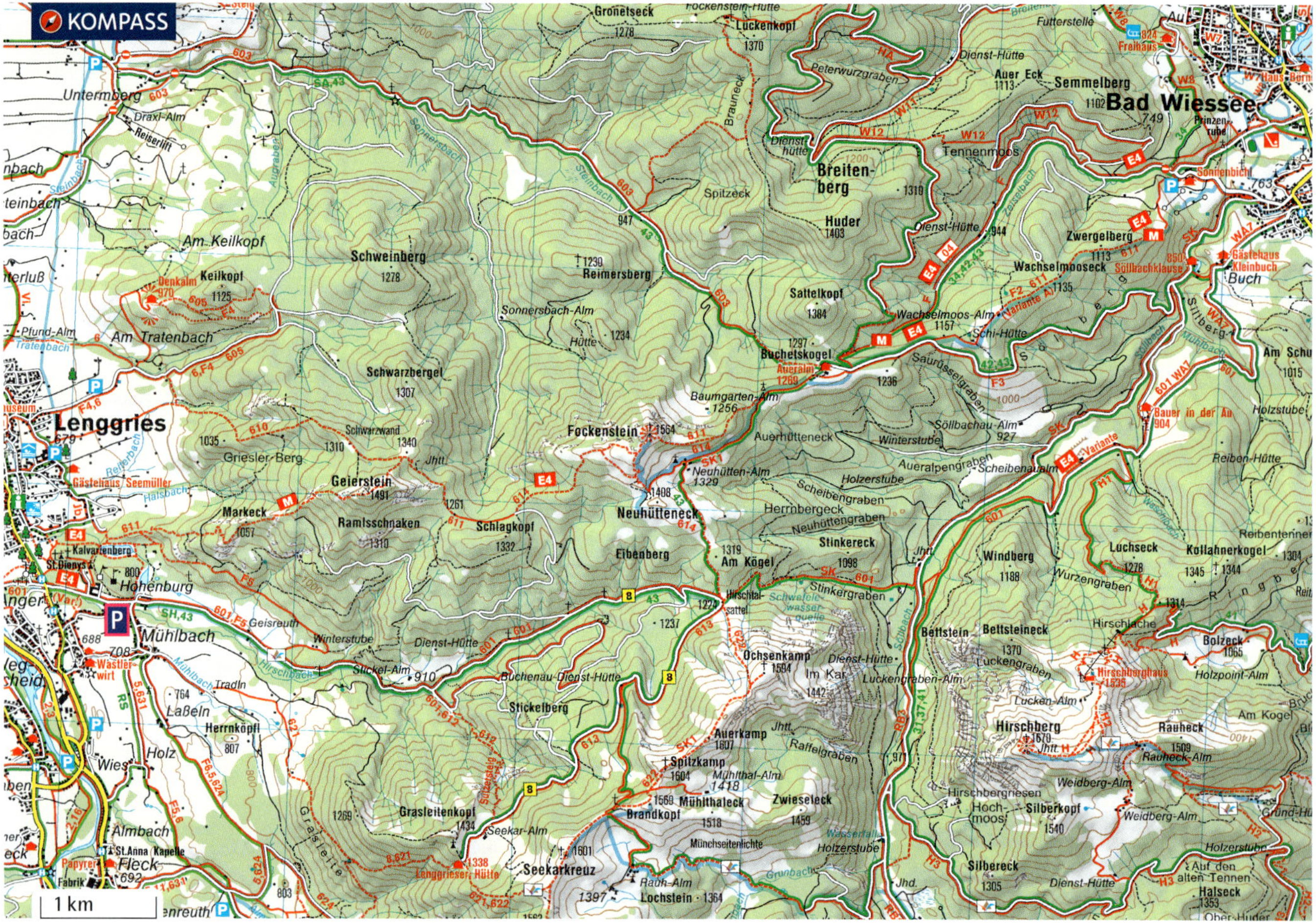
KOMPASS
Bad Wiessee
Lenggries
Breitenberg
Fockenstein
Neuhüttenalm
Neuhütteneck
Schweinberg
Reimersberg
Sonnersbach-Alm
Schwarzbergel
Geierstein
Ramlsschnaken
Schlagkopf
Markeck
Keilkopf
Am Keilkopf
Am Tratenbach
Griesler Berg
Gasthaus Seemüller
Kalvarienberg
Hohenburg
Mühlbach
Untermberg
Draxl-Alm
Pfund-Alm
Denkalm
Gronetseck
Fockenstein-Hütte
Luckenkopf
Braunneck
Peterwurzgraben
Dienst-Hütte
Auer Eck
Semmelberg
Tennenmoos
Spitzeck
Huder
Sattelkopf
Buchetskogel
Aueralm
Wachselmoos-Alm
Wachselmooseck
Zwergelberg
Söllbachklause
Gästehaus Kleinbuch
Buch
Sonnenbichl
Freihaus
Prinzenruhe
Söllbachau-Alm
Saurüsselgraben
Baumgarten-Alm
Auerhütteneck
Winterstube
Aueralpengraben
Scheibenaualm
Holzerstube
Herrnbergeck
Neuhüttengraben
Stinkereck
Am Kögel
Eibenberg
Hirschtalsattel
Ochsenkamp
Im Kar
Luckengraben-Alm
Bettstein
Bettsteineck
Windberg
Luchseck
Kollahnerkogel
Wurzengraben
Hirschlache
Hirschberghaus
Lucken-Alm
Hirschberg
Rauheck
Rauheck-Alm
Weidberg-Alm
Silberkopf
Hirschbergriesen
Silbereck
Bolzeck
Holzpoint-Alm
Am Kogel
Auerkamp
Spitzkamp
Mühlthal-Alm
Mühltaleck
Zwieseleck
Brandkopf
Münchseitenlichte
Holzerstube
Seekarkreuz
Rauh-Alm
Lochstein
Lenggrieser Hütte
Grasleitenkopf
Seekar-Alm
Stickelberg
Stickel-Alm
Buchenau-Dienst-Hütte
Winterstube
Geisreuth
Wastlerwirt
Laßeln
Herrnköpfl
Wies
Holz
Almbach
St. Anna Kapelle
Fleck
Papyrer
Fabrik
Bauer in der Au
Reibenhütte
Holzstube
Am Schu
Auf den alten Tennen
Halseck
Ober-Hufer
1 km

Vom Gipfel des Buchstein genießt man eine abwechslungsreiche und luftige Rundumsicht inmitten der Tegernseer Berge: Im Süden fällt der Achensee ins Auge; rechts davon breitet sich das Karwendelgebirge aus; im Norden sehen wir auf Almwiesen; in der Ferne grüßen Watzmann und Zugspitze.

Sehr beliebt sind Roßstein (im Bild rechts) und Buchstein (links) bei Wanderern und Kletterern. Die Gipfelbesteigung ist nicht ganz so einfach.

Charakter des Weges: Bis zur Tegernseer Hütte anspruchsvollere Wanderung mit Drahtseil gesicherten Passagen; gut beschildert; Trittsicherheit erforderlich; der Schlussanstieg von der Hütte zum Buchstein ist eine ungesicherte Kletterei im II. Grad und sollte nur mit entsprechender Erfahrung begangen werden; eine leichtere Alternative ist der Aufstieg zum Roßstein.

Ausgangspunkt: Parkplatz an der B307, 500 m westlich von Bayerwald bei 83708 Kreuth
Höhenangaben: Tal 860 m; Berg 1701 m; im Aufstieg 860 Hm
Einkehrmöglichkeiten/Unterkunft: Tegernseer Hütte, 1640 m (www.heimat.de/tegernseer_huette)

Wegbeschreibung:
Aufstieg: Steiler Bergpfad im dichten Wald über Nieder- und Hochleger der Sonnbergalm. Von dort wendet man sich Richtung Roßstein. An seinem Wandfuß beginnt ein Drahtseil gesicherter Weg, der im Schrofengelände zur Tegernseer Hütte führt. Gehzeit 2:15 h.
Aufstieg zum Buchstein: Gleich hinter der Hütte geht es in einer breiten Rinne in ungesicherter Kletterei im II. Grad zum Buchstein hinauf. Im Abstieg schwieriger als im Aufstieg!
Aufstieg zum Roßstein: Ein unschwieriger Weg führt auf der anderen Seite der Hütte direkt zum Gipfel mit nahezu identischer Aussicht.
Abstieg: Den gleichen Weg zurück in 1:30 h.
Rundtour: Von der Tegernseer Hütte nach Norden 160 Hm absteigen und nach links zur Roßstein-Alm hinüber (50 Hm Gegenanstieg). Von dort zur Röhrelmoos-Alm, auf einfachem Weg ins Weißachtal und einige hundert Meter am Straßenrand entlang zum Parkplatz zurück. Gehzeit 2:30 h.

Hirschberg, 1670 m
Gindelalmschneid, 1335 m
Baumgartenschneid, 1448 m

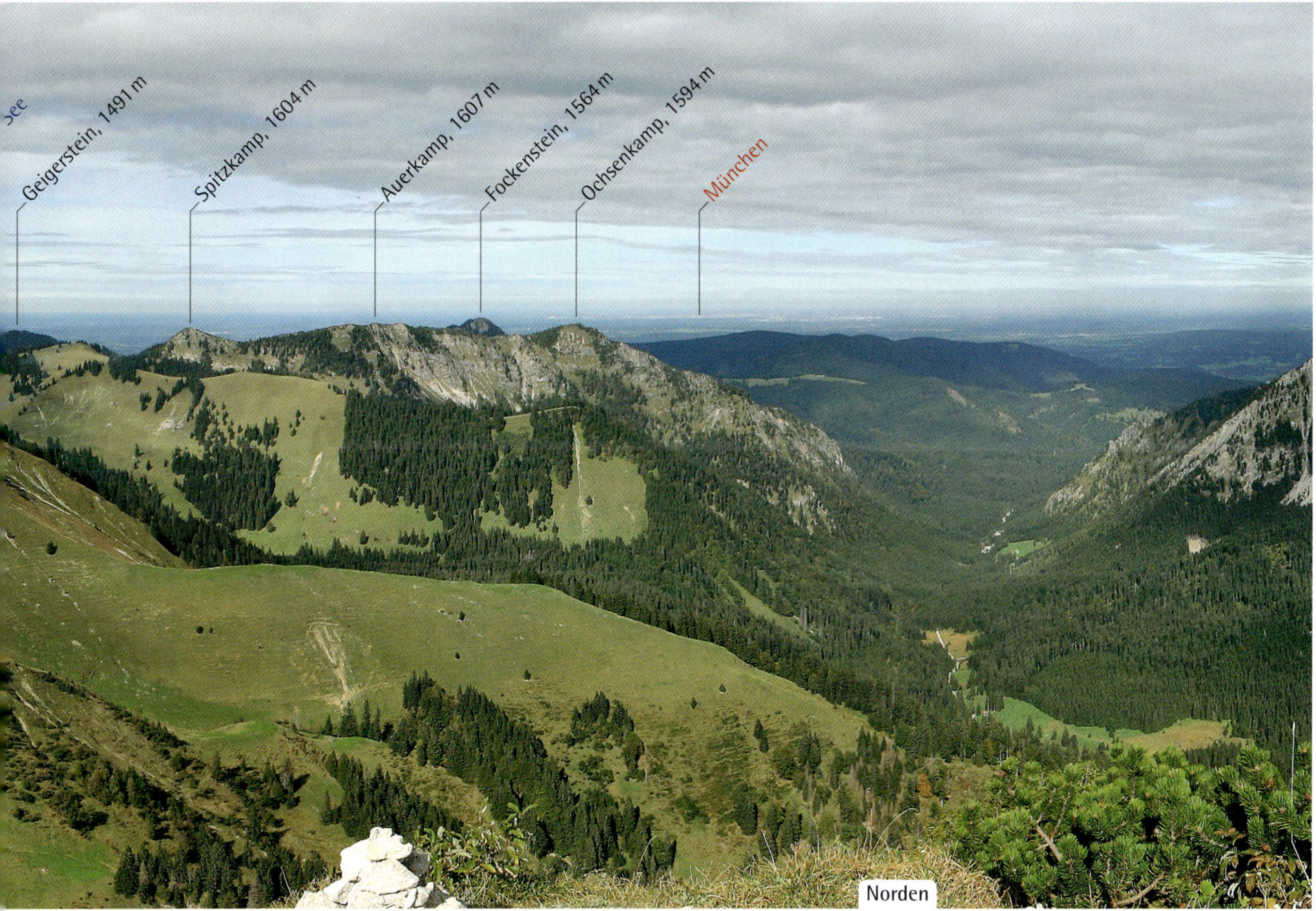

Geigerstein, 1491 m
Spitzkamp, 1604 m
Auerkamp, 1607 m
Fockenstein, 1564 m
Ochsenkamp, 1594 m
München
Norden

Guffert, 2195 m
Schildenstein, 1613 m
Dreiherrenspitze, 3499 m
Reichenspitze, 3303 m
Rauchkofel, 3251 m
Rofanspitze, 2259 m
Seekarlspitze, 2261 m
Hochunnütz, 2075 m
Hochiss, 2299 m
Schwarzenstein, 3369 m
Turnerkamp, 3420 m
Achensee
Seekarspitze, 2053 m
Seebergspitze, 2085 m
Olperer, 3476 m
Rappenspitze, 2223 m
Hochnissl, 2547 m
Süden

Eiskarlspitz, 2610 m
Gr. Bettelwurf, 2726 m
Juifen, 1988 m
Grubenkarspitze, 2633 m
Laliderer Wand, 2620 m
Nördl. Sonnenspitze, 2650 m
Rißer Falk, 2413 m
Kaltwasserkarspitze, 2733 m
Demeljoch, 1923 m
Birkkarspitze, 2749 m
Mittl. Ödkarspitze, 2745 m
Gr. Seekarspitze, 2677 m
Östl. Karwendelsp., 2537 m
Vogelkarspitze, 2522 m
Schafreuter, 2101 m
Hochkarspitze, 2482 m
Wörner, 2474 m
Soiernspitze, 2257 m
Leutascher Dreitorsp., 2682 m
Hochwanner, 2744 m
Hochalm, 1427 m
Zugspitze, 2962 m
Daniel, 2340 m
Staffel, 1532 m

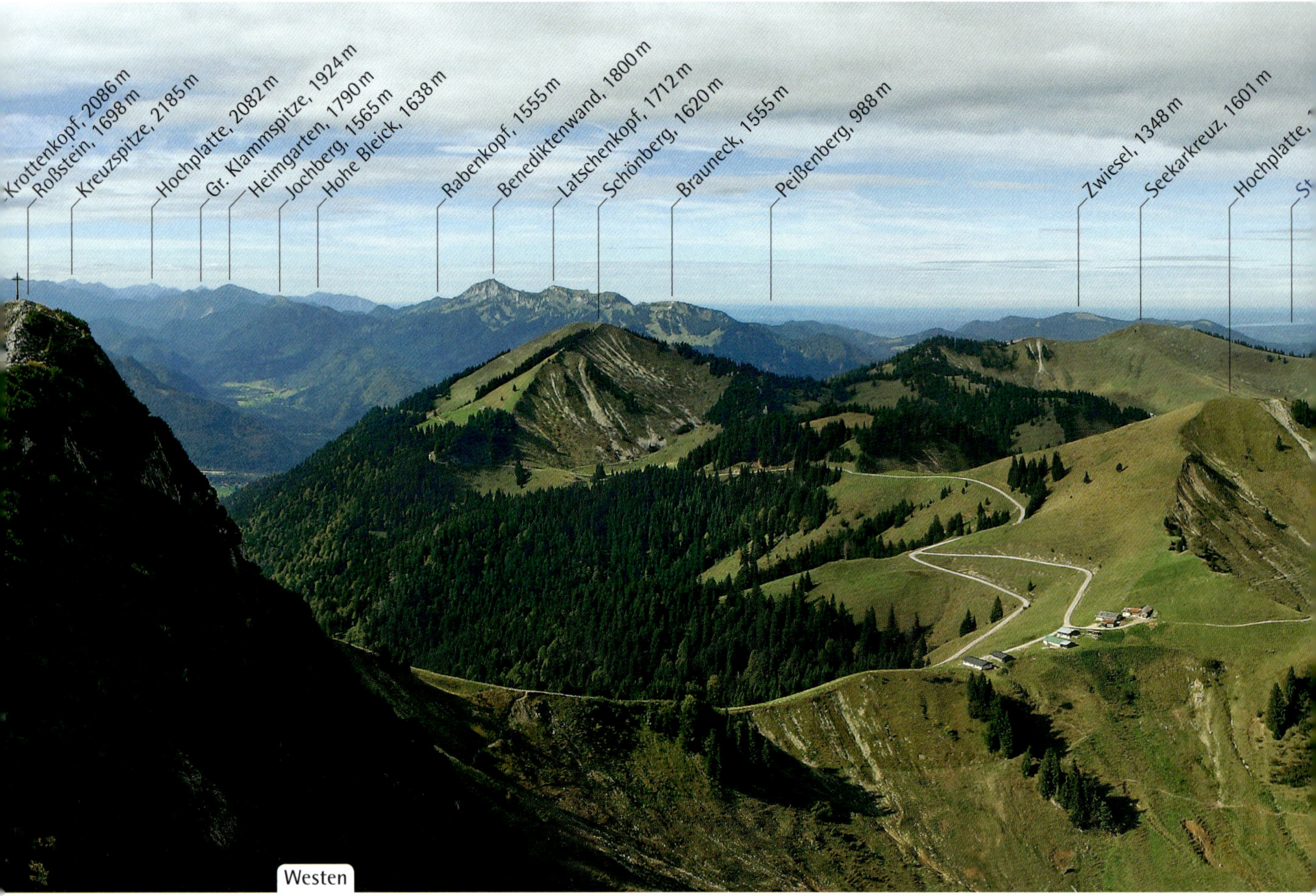

Krottenkopf, 2086 m
Roßstein, 1698 m
Kreuzspitze, 2185 m
Hochplatte, 2082 m
Gr. Klammspitze, 1924 m
Heimgarten, 1790 m
Jochberg, 1565 m
Hohe Bleick, 1638 m
Rabenkopf, 1555 m
Benediktenwand, 1800 m
Latschenkopf, 1712 m
Schönberg, 1620 m
Brauneck, 1555 m
Peißenberg, 988 m
Zwiesel, 1348 m
Seekarkreuz, 1601 m
Hochplatte,
Westen

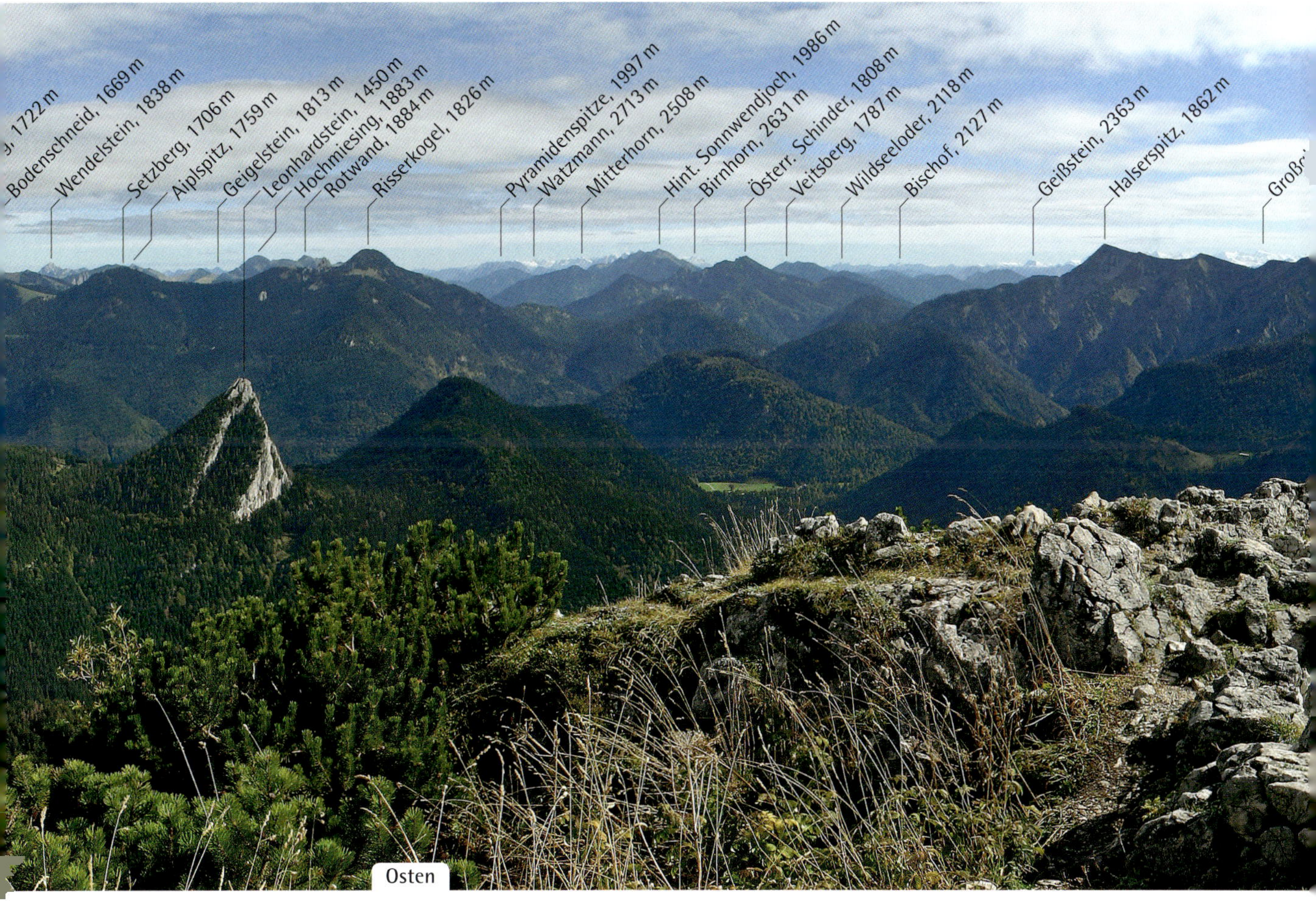

…, 1722 m
Bodenschneid, 1669 m
Wendelstein, 1838 m
Setzberg, 1706 m
Aiplspitz, 1759 m
Geigelstein, 1813 m
Leonhardstein, 1450 m
Hochmiesing, 1883 m
Rotwand, 1884 m
Risserkogel, 1826 m
Pyramidenspitze, 1997 m
Watzmann, 2713 m
Mitterhorn, 2508 m
Hint. Sonnwendjoch, 1986 m
Birnhorn, 2631 m
Österr. Schinder, 1808 m
Veitsberg, 1787 m
Wildseeloder, 2118 m
Bischof, 2127 m
Geißstein, 2363 m
Halserspitz, 1862 m
Osten

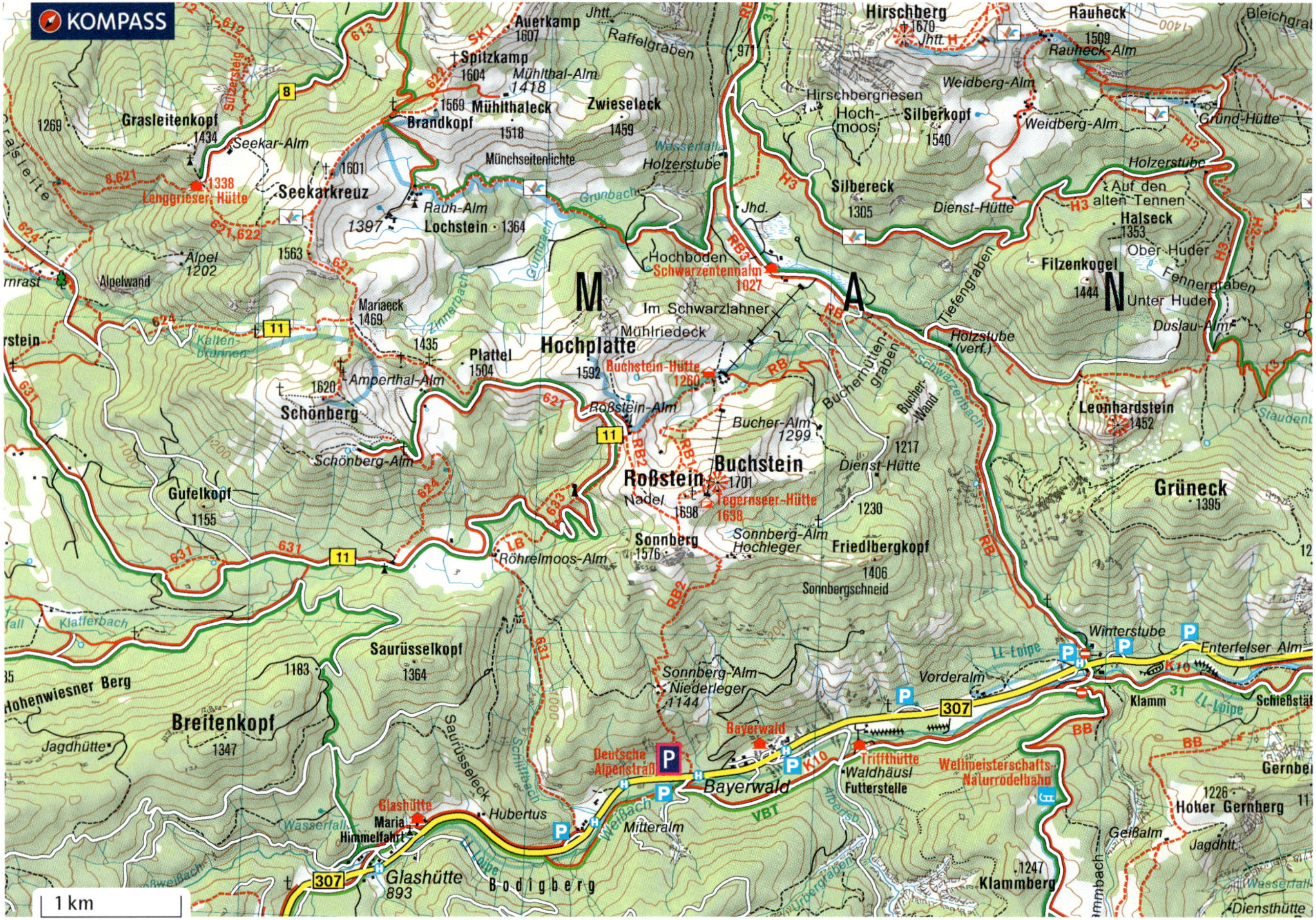
KOMPASS
Auerkamp
1607
Spitzkamp
1604
Mühlthal-Alm
1418
Raffelgraben
Hirschberg
1670
Rauheck
1509
Rauheck-Alm
Weidberg-Alm
Hirschbergriesen
Hochmoos
Silberkopf
1540
Grund-Hütte
Grasleitenkopf
1434
1269
Seekar-Alm
Brandkopf
1569
Mühlthaleck
1518
Zwieseleck
1459
Münchseitenlichte
Holzerstube
Wasserfall
Seekarkreuz
1601
Lenggrieser Hütte
1338
Rauh-Alm
1397
Lochstein
1364
Grünbach
Silbereck
1305
Dienst-Hütte
Auf den alten Tennen
Halseck
1353
Ober Huder
Filzenkogel
1444
Unter Huder
Fennergraben
Duslau-Alm
Älpel
1202
Alpelwand
1563
Hochboden
Schwarzentennalm
1027
Jhd.
Tiefengraben
Mariaeck
1469
Zinnerbach
M
A
N
Im Schwarzlahner
Mühlriedeck
Hochplatte
1592
Buchstein-Hütte
1260
Holzstube (verf.)
Leonhardstein
1452
Kaltenbrunnen
1435
Plattel
1504
Amperthal-Alm
1620
Schönberg
Roßstein-Alm
Bucher-Alm
1299
Bucherhüttengraben
Bucher-Wand
Schwarzenbach
Schönberg-Alm
Roßstein
Nadel
1698
Buchstein
1701
Tegernseer-Hütte
1638
1217
Dienst-Hütte
Grüneck
1395
Gufelkopf
1155
1230
Sonnberg
1576
Röhrelmoos-Alm
Sonnberg-Alm Hochleger
Friedlbergkopf
1406
Sonnbergschneid
Klafferbach
Saurüsselkopf
1364
1183
Hohenwiesner Berg
Breitenkopf
1347
Jagdhütte
Winterstube
Enterfelser Alm
LL-Loipe
Sonnberg-Alm Niederleger
1144
Vorderalm
Klamm
Schießstätt
307
Bayerwald
Deutsche Alpenstraße
Trifthütte
Weltmeisterschafts Naturrodelbahn
Waldhäusl
Futterstelle
Bayerwald
Saurüsseleck
Schiltbach
Glashütte
Maria Himmelfahrt
Hubertus
Weißach
Mitteralm
VBT
Glashütte
893
Bodigberg
Klammberg
1247
Geißalm
Jagdhütte
1226
Hoher Gernberg
Diensthütte
1 km

Feiner Aussichtsberg inmitten der Bayerischen Voralpen. Bei klarer Luft werden wir von der Fernsicht verwöhnt. Ob Watzmann, Hohe Tauern oder Zugspitze: Das Panorama ist in allen Himmelsrichtungen sehr reichhaltig.

Der Risserkogel ist ruhiger als der nahegelegene Wallberg und erfreut mit abwechslungsreichen Anstiegen.

Charakter des Weges: Abwechslungsreiche und etwas anspruchsvollere Bergwanderung – vor allem im letzten Teil; einige drahteilversicherte Passagen; gut beschildert; Trittsicherheit und Schwindelfreiheit erforderlich.

Ausgangspunkt: Wanderparkplatz 2 km südl. von 83708 Kreuth an B307
Höhenangaben: Tal 795 m; Berg 1826 m; im Aufstieg 1030 Hm
Einkehrmöglichkeiten / Unterkunft: keine

Wegbeschreibung:
Aufstieg: Zur Schwaigeralm und auf einem Forstweg 2 km am Sagenbach entlang bis zum Wegabzweig linker Hand. Nun bergauf: Der Waldsteig RK1 führt über die unbewirtschafteten Scheuerer- und Ableitenalmen zum Grat zw. Grubereck und Risserkogel. Nun nach Osten auf dem anspuchsvollerem Gratweg RK durch Latschen- und Felsrinnen zum Gipfel. Gehzeit 3:00 h.
Abstieg: Auf gleichem Weg zurück in 2:30 h. Alternativ für Wanderer mit gutem Orientierungssinn: Abstieg nach Süden zur verlassenen Rißalm und westwärts auf unscheinbarem Pfad zur Ableitenalm.
Alternative Anstiege: (1) Von Kreuth / Riedlern, unschwierig auf Weg WB1 zum Grubereck und wie o.b. weiter; Gehzeit 3:00 h. (2) Von der Bergstation der Wallbergbahn (www.wallbergbahn.de) in herrlicher Wanderung unschwierig zum Grubereck; wie o.b. weiter; Gehzeit 2:00 h. (3) Vom Parkplatz an der Mautstraße zur Valepp – etwa 2,5 km nach Enterrottach – auf Weg RK über die Siebli- zur Riedereck-Alm und zu einem Sattel mit Gedenkstein (1534 m). Von dort oberhalb des Riederecksees zum nächsten Sattel zw. Risserkogel und Blankenstein. Nun steil und etwas ausgesetzt zum Gipfelgrat (bei Nässe unangenehm). Gehzeit 2:45 h. Im Abstieg zum letztgenannten Sattel und auf Weg WB in 2:00 h über die Röthenstein-Alm zurück.

Schliersberg, 1265 m
Bodenschneid, 1669 m
Brecherspitze, 1683 m
Breitenstein, 1622 m
Jägerkamp, 1746 m
Wendelstein, 1838 m
Aiplspitz, 1759 m
Hochries, 1568 m
Kampenwand, 1668 m
Taubenstein, 1692 m
Hochmiesing, 1883

Wallberg, 1722 m
Blankenstein, 1768 m
Baumgartenschneid, 1448 m
Norden

Dreiherrenspitze, 3499 m
Reichenspitze, 3303 m
Rauchkofel, 3251 m
Napfspitze, 3144 m
Hint. Stangenspitze, 3225 m
Gr. Löffler, 3378 m
Schwarzenstein, 3369 m
Turnerkamp, 3420 m
Rofanspitze, 2259 m
Guffert, 2195 m
Hirzer, 2725 m
Halserspitz, 1862 m
Vorderunnütz, 2078 m
Hochunnütz, 2075 m
Hochnissl, 2547 m
Süden

Grubenkarspitze, 2663 m
Laliderer Wand, 2620 m
Nördl. Sonnenspitze, 2650 m
Kaltwasserkarspitze, 2733 m
Birkkarspitze, 2749 m
Schildenstein, 1613 m
Juifen, 1988 m
Östl. Karwendelsp., 2537 m
Schafreuter, 2257 m
Wörner, 2474 m
Soiernspitze, 2257 m
Hochwanner, 2744 m
Alpspitze, 2628 m
Zugspitze, 2962 m
Daniel, 2340 m
Hochvogel, 2593 m
Staffel, 1532 m
Krottenkopf, 2086 m
Kreuzspitze, 2185 m
Hochplatte, 2082 m
Gr. Klammspitze, 1924 m
Heimgarten, 1790 m
Buchstein, 1701 m
Jochberg, 1565 m
Schönberg, 1620 m
Westen

Benediktenwand, 1800 m
Brauneck, 1555 m
Seekarkreuz, 1601 m
Spitzkamp, 1604 m
Hirschberg, 1670 m
Zwiesel, 1348 m
Fockenstein, 1564 m
Bad Wiessee
Tegernsee

1805 m
Traithen, 1852 m
Stadelhorn, 2286 m
Pyramidenspitze, 1997 m
Watzmann, 2713 m
Mitterhorn, 2508 m
Ellmauer Halt, 2344 m
Hint. Sonnwendjoch, 1986 m
Bischof, 2127 m
Veitsberg, 1787 m
Geißstein, 2363 m
Hoher Tenn, 3368 m
Gr. Wiesbachhorn, 3564 m
Großglockner, 3798 m
Österr. Schinder, 1808 m
Bayerischer Schinder, 1796 m
Kienberg, 1786 m
Hohe Fürleg, 3243 m
Osten

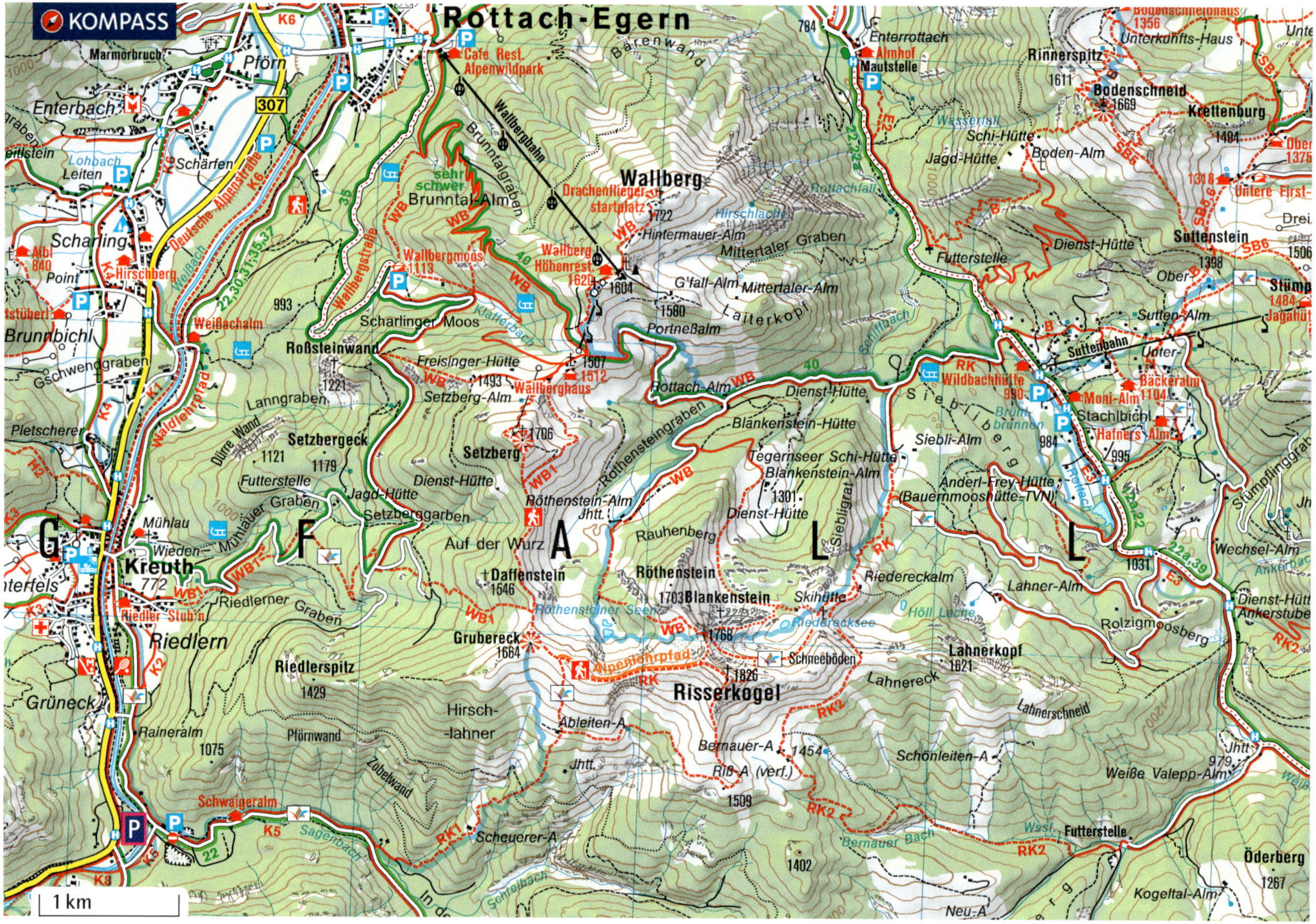
KOMPASS
Rottach-Egern
Wallberg
Wallbergbahn
Bärenwand
Brunntal-Alm
Brunntalgraben
Drachenflieger-startplatz
Wallberg Höhenrest.
Wallberghaus
Wallbergmoos
Setzberg
Setzberg-Alm
Freisinger-Hütte
Rottach-Alm
Röthenstein
Röthenstein-Alm
Blankenstein
Blankenstein-Hütte
Blankenstein-Alm
Tegernseer Schi-Hütte
Risserkogel
Riedlerspitz
Riedlern
Kreuth
Grubereck
Daffenstein
Auf der Wurz
Setzbergeck
Roßsteinwand
Scharlinger Moos
Scharling
Pförn
Enterbach
Marmorbruch
Schärfen
Leiten
Point
Brunnbichl
Gschwendgraben
Pletschereck
Mühlau
Wieden
Grüneck
Raineralm
Schwaigeralm
Hirsch-lahner
Ableiten-A.
Bernauer-A.
Riß-A (verf.)
Scheuerer-A.
Schneeböden
Lahnereck
Lahnerkopf
Schönleiten-A.
Weiße Valepp-Alm
Öderberg
Kogeltal-Alm
Neu-A.
Futterstelle
Riedereckalm
Riederecksee
Lahner-Alm
Rolzigmoosberg
Siebli-Alm
Sieblberg
Anderl-Frey-Hütte (Bauernmooshütte-TVN)
Wildbachhütte
Moni-Alm
Bäckeralm
Stachlbichl
Hafners Alm
Suttenbahn
Sutten-Alm
Suttenstein
Bodenschneid
Bodenschneidhaus
Krettenburg
Rinnerspitz
Boden-Alm
Jagd-Hütte
Schi-Hütte
Enterrottach
Almhof
Mautstelle
Hirschlache
Mittertaler Graben
Mittertaler-Alm
G'fall-Alm
Hintermauer-Alm
Laiterkopf
Portneßalm
Röthensteingraben
Rauhenberg
Alpenlehrpfad
Röthensteiner Seen
Deutsche Alpenstraße
Waldlehrpfad
Weißachalm
Hirschberg
Aibl
Cafe Rest. Alpenwildpark
Riedler Stub'n
Wechsel-Alm
1 km

Wenig besuchter Aussichtsberg mit hervorragender Sicht: Es grüßen die Berchtesgadener Alpen, der Wilde Kaiser, die Hohen Tauern, die Zillertaler Alpen, das Karwendelgebirge sowie die nahen Schlierseer Berge.

Der Hochmiesing erscheint auf dem Normalweg als recht sanfter Berg und wartet mit einem weitläufigen, Latschen durchsetzen Gipfelbereich auf.

Charakter des Weges: Unschwierige Bergwanderung auf Forst- und Bergwegen; sehr sonnig und im Schlussanstieg in der Latschenregion im Sommer sehr warm; gut beschildert; gute Kondition für die Rundtour erforderlich.

Ausgangspunkt: Parkplatz gegenüber oder – bei Bahnbenutzung – neben der Talstation der Taubensteinbahn: Spitzingstraße, 83727 Schliersee
Höhenangaben: Tal 1100 m; Berg 1883 m; im Aufstieg 900 Hm inklusive 115 Hm Gegenanstieg; Rundtour inklusive Rotwand mit 1270 Hm
Einkehrmöglichkeiten/Unterkunft: Gaststätte der Taubensteinbahn an der Bergstation, 1613 m; mit Übernachtungsmöglichkeiten: Taubensteinhaus unterhalb des Taubensteins, 1567 m (www.taubensteinhaus.de) und Rotwandhaus, 1737 m (www.rotwandhaus.de)

Wegbeschreibung:
Aufstieg: Zunächst unspektakulär entlang der Seilbahntrasse zur Bergstation der Taubensteinbahn. Nun ostseitig hinunter zum Taubensteinhaus und von dort zur Kleintiefental-Alm queren. Weiter zum Miesingsattel zwischen Rotwand und Hochmiesing und durch die Latschen zum Gipfel. Gehzeit 2:30 h.
Abstieg: Auf dem gleichen Weg zurück in 2:00 h.
Rundtour: Vom Miesingsattel unschwierig um die Ostseite der Rotwand herum zum Rotwandhaus (120 Hm). Von dort ggf. Abstecher zur Rotwand (150 Hm; 20 min). Vom Rotwandhaus führt die Forststraße 645 zum Spitzingsee. Gehzeit ab Hochmiesing ohne Rotwand-Abstecher 2:45 h.
Taubensteinbahn: Die Bahn (www.alpenbahnen-spitzingsee.de) verkürzt die Gehzeit im Aufstieg auf 1:15 h. Im Abstieg ist sie nach Besuch der Rotwand willkommen (Fahrzeiten beachten): Von der Rotwand unschwierig um den Lämpersberg herum zur Bergstation in knapp 1:00 h.

Schliersberg, 1265 m
Heißenplatte, 1593 m
Fischbachau
Schwarzenberg, 1188 m
Norden

en, 1790 m
etzberg, 1706 m
Benediktenwand, 1800 m
Wallberg, 1722 m
Fockenstein, 1564 m
Bodenschneid, 1669 m
Zwiesel, 1348 m
Brecherspitze, 1683 m
Jägerkamp, 1746 m
Aiplspitz, 1759 m
Westen

…8 m
…wandkopf, 1691 m
Sonntagshorn, 1981 m
Kl. Traithen, 1722 m
Brünnstein, 1619 m
Watzmann, 2713 m
Gr. Traithen, 1852 m
Pyramidenspitze, 1997 m
Mitterhorn, 2508 m
Hochkönig, 2941 m
Hintere Karlspitze, 2281 m
Ellmauer Halt, 2344 m
Treffauer, 2304 m
Scheffauer, 2111 m
Kitzbühlerhorn, 1996 m
Trainsjoch, 1707 m
Ankogel, 3252 m
Pendling, 1563 m
Hoher Tenn, 3368 m
Gr. Wiesbachhorn, 3564 m
Klockerin, 3425 m
Hohe Salve, 1828 m
Großglockner, 3798 m
Gr. Rett…
Osten

366 m
, 1645 m
achkopf, 3050 m
Hohe Fürleg, 3243 m
Großvenediger, 3662 m
Gr. Geiger, 3360 m
Dreiherrenspitze, 3499 m
Rötspitze, 3495 m
Reichenspitze, 3303 m
Krenspitz, 1972 m
Hint. Sonnwendjoch, 1986 m
Hint. Stangenspitze, 3225 m
Gr. Löffler, 3378 m
Schwarzenstein, 3369 m
Turnerkamp, 3420 m
Gr. Möseler, 3480 m
Hochfeiler, 3509 m
Hoher Riffler, 3231 m
Olperer, 3476 m
Süden

Vord. Sonnwendjoch, 2224 m
Rofanspitze, 2259 m
Seekarlspitze, 2261 m
Hochiss, 2299 m
Rotwand, 1884 m
Habicht, 3277 m
Hochnissl, 2547 m
Lamsenspitze, 2508 m
Guffert, 2195 m
Österr. Schinder, 1808 m
Grubenkarspitze, 2663 m
Bayerischer Schinder, 1796 m
Südl. Sonnenspitze, 2688 m
Mondscheinspitze, 2106 m
Kaltwasserkarspitze, 2733 m
Birkkarspitze, 2749 m
Halserspitz, 1862 m
Östl. Karwendelsp., 2537 m
Wörner, 2474 m
Leutascher Dreitorsp., 2682 m
Soiernspitze, 2257 m
Zugsp., 2962 m
Risserkogel, 1826 m
Krottenkopf,
Kreuzspitze,

Breitenstein, 1622 m
Farrenpoint, 1273 m
Heidwand, 1585 m
Wendelstein, 1838 m
Soinwand, 1751 m
Kesselwand, 1721 m
Lacherspitz, 1724 m
Wildalpjoch, 1720 m
Hochries, 1568 m
Kitzstein, 1398 m
Kampenwand, 1668 m
Hochgern, 1748 m
Geigelst
Wi

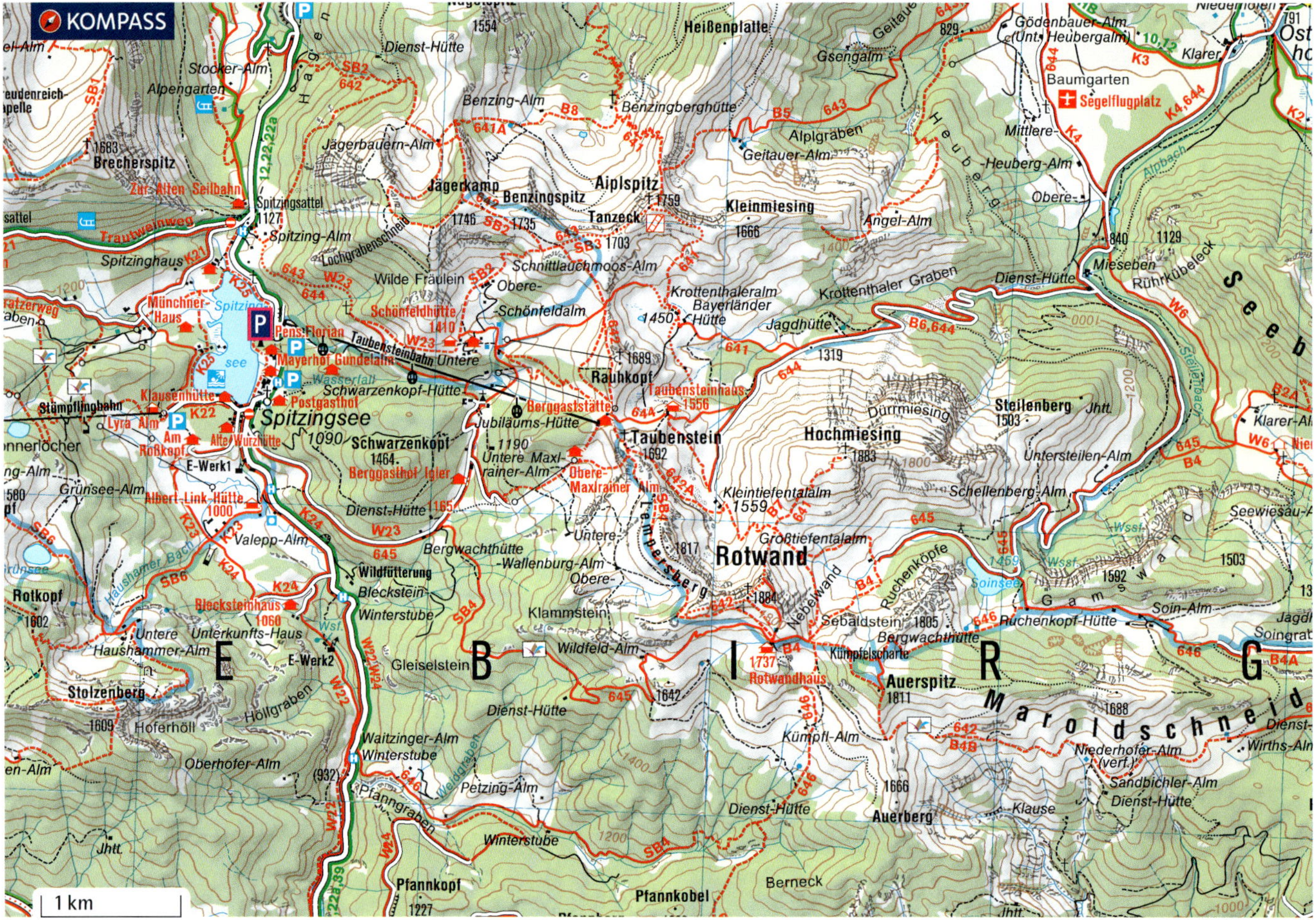
KOMPASS
1 km
Brecherspitz
Spitzingsattel
Spitzing-Alm
Spitzinghaus
Münchner-Haus
Spitzingsee
1090
Pens. Florian
Mayerhof
Gundelalm
Taubensteinbahn
Untere
Wasserfall
Postgasthof
Klausenhütte
Stümpflingbahn
Lyra Alm
Am Roßkopf
Alte Wurzhütte
E-Werk1
Grünsee-Alm
Albert-Link-Hütte
Valepp-Alm
Rotkopf
Blecksteinhaus
Untere Haushammer-Alm
Unterkunfts-Haus
E-Werk2
Stolzenberg
Höllgraben
Hoferhöll
Oberhofer-Alm
Schwarzenkopf
1464
Schwarzenkopf-Hütte
Berggasthof Igler
Dienst-Hütte
Bergwachthütte
Wildfütterung
Bleckstein-Winterstube
Gleiselstein
Waitzinger-Alm Winterstube
Pfanngraben
Petzing-Alm
Winterstube
Pfannkopf
1227
Pfannkobel
Berneck
Schönfeldhütte
Obere-Schönfeldalm
Wilde Fräulein
Lochgrabenschneid
Schnittlauchmoos-Alm
Jägerkamp
Benzingspitz
Jägerbauern-Alm
Benzing-Alm
Benzingberghütte
Dienst-Hütte
Stocker-Alm
Alpengarten
Zur Alten Seilbahn
Trautweinweg
Aiplspitz
1759
Tanzeck
1703
Rauhkopf
1689
Taubensteinhaus
1556
Berggaststätte
Jubiläums-Hütte
Untere Maxlrainer-Alm
Obere-Maxlrainer Alm
Taubenstein
1692
Lempersberg
Untere-Wallenburg-Alm
Obere-
Klammstein
Wildfeld-Alm
Rotwand
1884
Rotwandhaus
1737
Großtiefentalalm
Kleintiefentalalm
1559
Nebelwand
Sebaldstein
Kümpfelscharte
Auerspitz
1811
Kümpfl-Alm
Auerberg
Dienst-Hütte
Heißenplatte
Gsengalm
Alplgräben
Geitauer-Alm
Kleinmiesing
1666
Angel-Alm
Krottenthaleralm
Bayerländer Hütte
Krottenthaler Graben
Jagdhütte
Hochmiesing
1883
Dürrmiesing
Steilenberg
1503
Untersteilen-Alm
Schellenberg-Alm
Ruchenköpfe
Soinsee
Ruchenkopf-Hütte
Soin-Alm
Bergwachthütte
Gödenbauer-Alm (Unt. Heubergalm)
Baumgarten
Segelflugplatz
Mittlere-Heuberg-Alm
Obere-
Heuberg
Mieseben
Rührkübeleck
Dienst-Hütte
Seewiesau-A
Gamswand
Maroldschneid
Niederhofer-Alm (verf.)
Sandbichler-Alm
Dienst-Hütte
Klause
Wirths-Alm
E B I R G
Klarer

Exzellenter Aussichtsberg! Bereits vom Umland fällt der mächtige Wendelstein ins Auge. Das Gipfelpanorama ist gewaltig und reicht vom Watzmann bis zur Zugspitze und von München bis zum Alpenhauptkamm.

Die Südseite des Berges mit seinem mächtigen Gipfelstock. Von nahezu jedem Gipfel der Münchner Hausberge ist der Wendelstein zu sehen.

Charakter des Weges: Unschwierige, aber lange und meist schattenlose Wanderung auf Bergwegen; gut beschildert; Trittsicherheit und gute Kondition erforderlich.

Ausgangspunkt: Parkplatz an der Talstation der Wendelstein-Seilbahn: Osterhofen 90; 83735 Bayrischzell
Höhenangaben: Tal 792 m; Berg 1838 m; im Aufstieg 1050 Hm
Einkehrmöglichkeiten/Unterkunft: Wendelsteinhaus an der Bergstation, 1742 m; Wendelsteinalm, 1420 m (www.wendelsteinalm.de)

Wegbeschreibung:
Aufstieg: Eine bevorzugte Wegvariante führt vom Parkplatz nach Hochkreut und von dort über Siegelalm und Wendelsteinalm unter die Kesselwand. Von hier geht es weiter zur Zeller Scharte, von der wir bald das Wendelsteinhaus erreichen. Ein gut befestigter Weg mit durchgehendem Geländer führt uns nun an der Südseite des steilen Gipfelaufbaus in vielen Kehren zur Aussichtsterrasse. Gehzeit 2:45 h.
Abstieg: Auf dem gleichen Weg hinunter in 2:00 h.
Panoramaweg: Kurz unterhalb des Gipfels zweigt ein unschwieriger Panoramaweg auf die Nordseite des Berges ab; er führt zunächst hinüber zum Ostgipfel mit ähnlich schöner Aussicht und schlängelt sich schließlich um den gesamten Berg herum. Dieser sehr abwechslungsreiche Weg endet am Wendelsteinhaus; 1 Stunde sollte man sich dafür mindestens Zeit lassen.
Wendelsteinbahn: Preise und Betriebszeiten unter www.wendelsteinbahn.de. Der Talbahnhof der Zahnradbahn ist Sudelfeldstr. 106, 83098 Brannenburg. Die Bergstationen liegen eng zusammen auf 1742 m bzw. 1732 m. Von dort erreicht man den Gipfel in 15 min.

Ackerlspitze, 2329 m
Ellmauer Halt, 2344 m
Treffauer, 2304 m
Hackenköpfe, 2125 m
Scheffauer, 2111 m
Brünnstein, 1619 m
Gr. Wiesbachhorn, 3564 m
Großglockner, 3798 m
Pendling, 1563 m
Gr. Rettenstein, 2366 m
Steilner Joch, 1747 m
Großvenediger, 3662 m
Kl. Traithen, 1722 m
Gr. Geiger, 3360 m
Gr. Traithen, 1852 m
Dreiherrenspitze, 3499 m
Rötspitze, 3496 m

, 1790 m
Riesenberg, 1449 m
Hochries, 1568 m
Kampenwand, 1668 m
Soinwand, 1751 m
Kitzstein, 1398 m
Hochgern, 1748 m
Zwiesel, 1782 m
Aschentaler Wände, 1738 m
Riesenkopf, 1337 m
Geigelstein, 1813 m
Kranzhorn, 1368 m
Sonntagshorn, 1981 m
Hoher Göll, 2522 m
Wildalpjoch, 1720 m
Watzmann, 2713 m
Wildbarren, 1448 m
Großer Hundstod, 2594 m
Mitterhorn, 2508 m
Kesselwand, 1721 m
Birnhorn, 2631 m
Pyramidenspitze, 1997 m
Ackerlspitze, 2329 m
Osten

Wörner, 2474 m
Aiplspitz, 1759 m
Risserkogel, 1826 m
Jägerkamp, 1746 m
Zugspitze, 2962 m
Setzberg, 1706 m
Buchstein, 1701 m
Krottenkopf, 2086 m
Wallberg, 1722 m
Hirschberg, 1670 m
Heimgarten, 1790 m
Benediktenwand, 1800 m
Fockenstein, 1564 m
Baumgartenschneid, 1448 m
Hammer
Zwiesel, 1348 m
Hirschgeröhrkopf, 1272 m
Westen

weinsberg, 1514 m
Breitenstein, 1622 m
Schwarzenberg, 1188 m

Bad Feilnbach
Bad Aibling
Kolbermoor
Farrenpoint, 1273 m
Rosenheim
Inn
Sulzberg, 1117 m
Raubling
Simssee
Hochsalwand, 1683 m
Norden

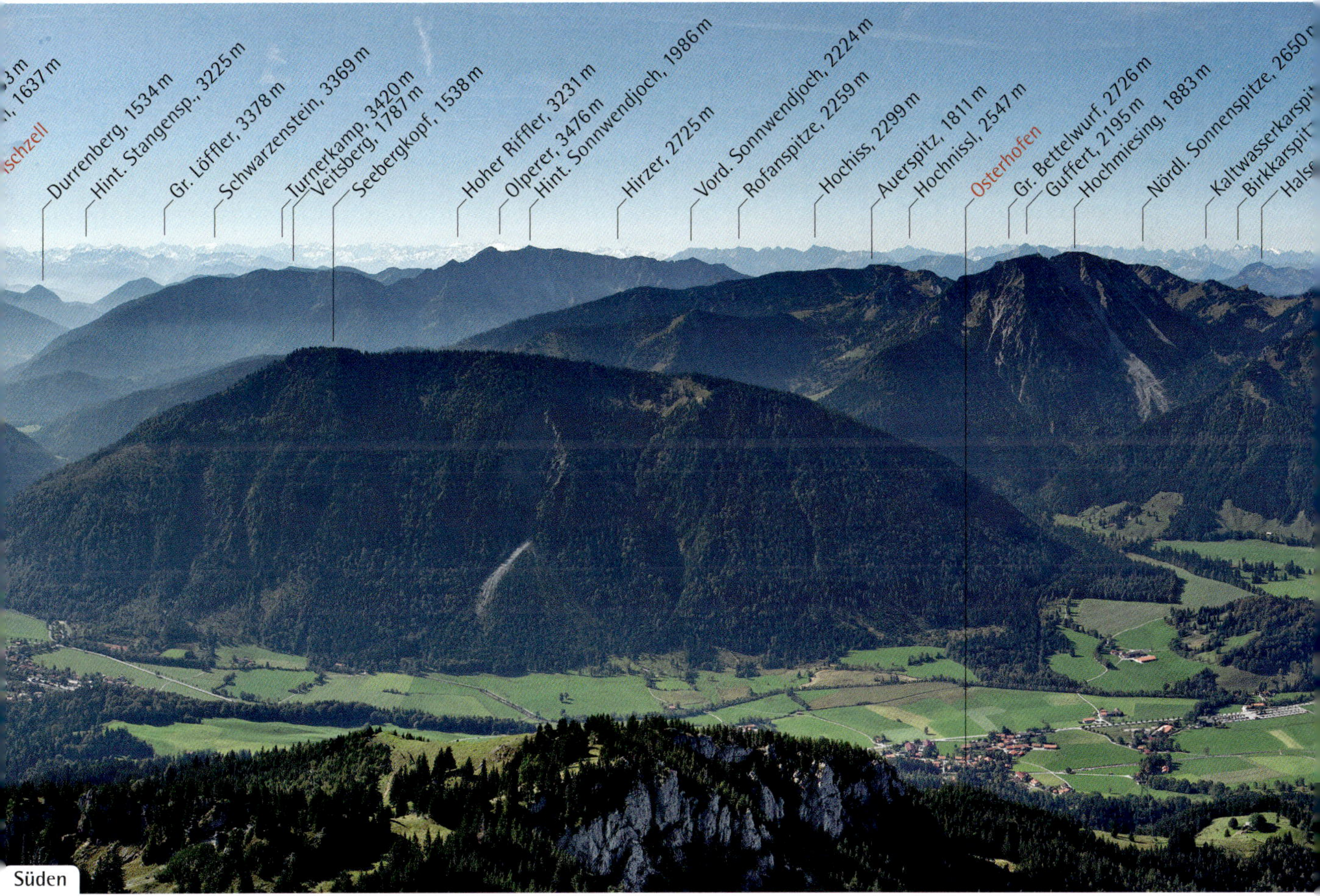

Durrenberg, 1534 m
Hint. Stangensp., 3225 m
Gr. Löffler, 3378 m
Schwarzenstein, 3369 m
Turnerkamp, 3420 m
Veitsberg, 1787 m
Seebergkopf, 1538 m
Hoher Riffler, 3231 m
Olperer, 3476 m
Hint. Sonnwendjoch, 1986 m
Hirzer, 2725 m
Vord. Sonnwendjoch, 2224 m
Rofanspitze, 2259 m
Hochiss, 2299 m
Auerspitz, 1811 m
Hochnissl, 2547 m
Osterhofen
Gr. Bettelwurf, 2726 m
Guffert, 2195 m
Hochmiesing, 1883 m
Nördl. Sonnenspitze, 2650
Süden

KOMPASS
Wendelstein
Breitenstein
Hubertus-Hütte
Schweinsberg
Kessel-Alm
Koth-Alm
Durhamer-Alm
Aiblinger Hütte
Geologischer Lehrpfad
GEO Park weg
Rieder Kohlstatt
Elbach-Alm
Spitzingscheibe
Spitzing-Alm
Dienst-Hütte
Roßstallkopf
Schloß-Alm
Rampoldplatte
Lechner-Alm
Lechnerkopf
Hochsalwand
Salwand
Haidwand
Rotwand
Kirchelwand
Reindler-Alm
Weiße Wand
Bergfreundehaus
Mail-Alm
Zahnradbahn
Hp. Mitteralm
Mitteralm
Soinwand
Sternwarte
Wendelsteinhaus
Zeller Scharte
Soin-Alm
Soinhütte
Wildalpjoch
Wetterloch
Kesselwand
Seewand
Käserwand
Lacherspitze
Tagweidkopf
Wendelsteinalm
Bockstein
Unter Dickel-Alm
Ober Dickel-Alm
Siegel-Alm
Kreuter-Alm
Holzer-Hütte
Mitterberg
Wendelsteinbahn
Osterhofener Berg
Wirtl-Alm
Wölfl-Alm
Oberberg
Zeller-Alm
GEO-Parkweg
Hochkreut
Aussichtspunkt
Nogg
Peterbauer-Alm
Mitterberg-Alm
Grüne Gumpe
Zelleralm
Larcher-Alm
Wolf
Niederaudorfer Wald-A
Waldkopf Stüberl
Berghotel Sudelfeld
Sudelfeld
Alte Tanneralm
Brenneralm
Grafenberg
Grafenherberge
Waldkopf
Bergwacht-Hütte
Mittleres Sudelfeld
Neue Tanner-Alm
Bayrischzell
Sanatorium
Oberlarch
Strein
Seeberghaus
Leitzachquelle
Leitzach
Jäger
Bayer
Mainwolf
Lechner
Osterhofen
Niederhofen
Ambach
Schäfer
Dorf
Dorfberg
Klarer
Lacheralm
Wildalm
Schwein-steigeralm
Kelheimer-Hütte
Jackelberg
Jackelberger-Alm
Ober-arzmoos-Alm
Wasserburger-Hütte
Unter-Krappen-Alm
Schortenkopf
Dienst-Hütte Kronberger-Alm
Mutterberg
Steinkobl
Dümpfel
Schreckenkopf
Deutsche Alpenstraße
Rampoldkaser
Rieder-Alm
Großer Mühlberg
Sattel-Alm
Weiderer-Alm (verf.)
Staucher-Alm
Steinerne-Stiege
Polizeiheim
Mühlberg
Tatzelwurm
Regau
Zugberg
Breitenberg-Haus
Breitenberghütte
Großbrannenberg
Wendelstein-Zahnradbahn
Vorder-kronberg
Hinter-
Mariermühle
Rabental
Wildfütterung
Mutterkopf
Maut stelle
Schwarzer Ursprung
Mühlbach
Hp. Aipl
Sankt Marga
Hinterleiten
Krapf
Dorner
Gugg
Jochleite
1 km

Deutschlands höchster Berg bietet auch die weiteste Fernsicht. Man sollte sein Fernglas mitnehmen. Bei klarer Luft reicht der Blick vom Watzmann über die Dolomiten zur Bernina und weit in das Voralpenland.

Das Bild zeigt die felsige Nordseite der Zugspitze, die nur wenige Monate im Jahr schneefrei ist.

Charakter des Weges: Relativ unschwierige, aber sehr lange Bergwanderung, für die auch 2 Tage empfehlenswert sind; gut beschildert; Auf- oder Abstieg oft mit der Bergbahn; Trittsicherheit und sehr gute Kondition erforderlich.

Ausgangspunkt: Bahnhof von Garmisch-Partenkirchen oder Parkplatz am Skistadion, Karl-und-Martin-Neuner-Platz, 82476 Garmisch-Partenkirchen.
Höhenangaben: Tal 708 m; Berg 2962 m; im Aufstieg 2260 Hm
Einkehrmöglichkeiten/Unterkunft: Reintalangerhütte (1369 m), Knorrhütte (2051 m) und Münchner Haus (2959 m) jeweils mit Übernachtungsmöglichkeit (www.alpenverein-muenchen-oberland.de); Schneefernerhaus; reiches gastronomisches Angebot auf der Zugspitzplattform (www.zugspitze.de).

Wegbeschreibung:
Aufstieg: Der einfachste Weg führt durch die Partnachklamm und das Reintal zur Reintalanger- und Knorrhütte. Von dort erreicht man über viel Geröll und durch Fels (Drahtseilsicherungen) den Gipfel. Gehzeit 8:00–10:00 h. Anmerkung: Der Aufstieg durch das Höllental und über den Höllentalferner ist sehr anspruchsvoll (Steigeisen und Klettersteigausrüstung erforderlich).
Abstieg: Auf gleichem Weg in 7:00 h oder mit der Bergbahn zurück.

Bergbahnen:
Seilbahn: Parkplatz an der Talstation (994 m), Am Eibsee 6, 82491 Grainau. Preise und Betriebszeiten unter www.zugspitze.de
Zahnradbahn: Vom Bahnhof in Garmisch-Partenkirchen zum Zugspitzplatt (2588 m); mit der Gletscherbahn zur Zugspitzplattform; www.zugspitze.de.
Tiroler Zugspitzbahn: Parkplatz an der Talstation, Obermoos 1, 6632 Ehrwald, Österreich. Preise und Betriebszeiten unter www.zugspitze.at.

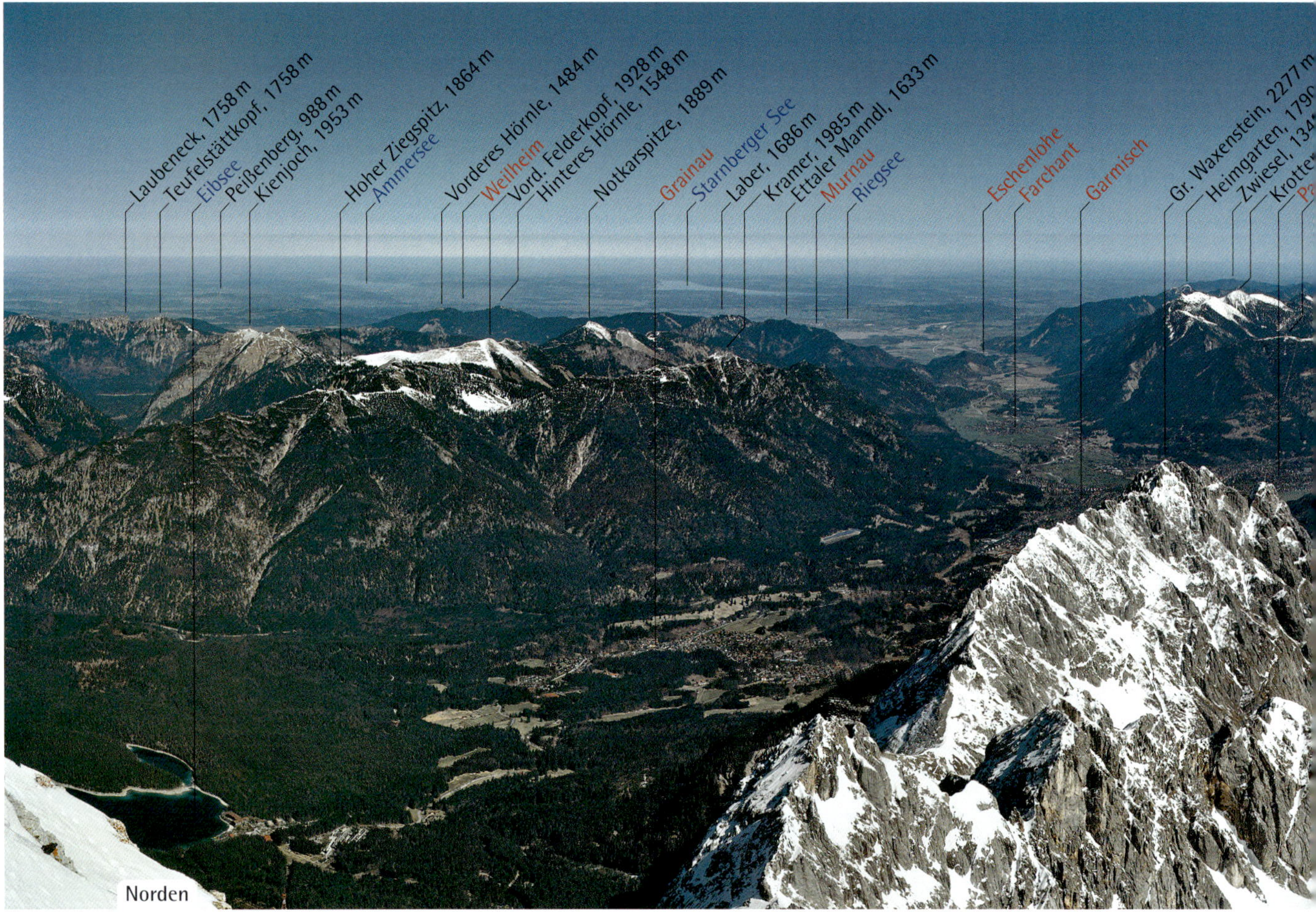
Laubeneck, 1758 m
Teufelstättkopf, 1758 m
Eibsee
Peißenberg, 988 m
Kienjoch, 1953 m
Hoher Ziegspitz, 1864 m
Ammersee
Vorderes Hörnle, 1484 m
Weilheim
Vord. Felderkopf, 1928 m
Hinteres Hörnle, 1548 m
Notkarspitze, 1889 m
Grainau
Starnberger See
Laber, 1686 m
Kramer, 1985 m
Ettaler Manndl, 1633 m
Murnau
Riegsee
Eschenlohe
Farchant
Garmisch
Gr. Waxenstein, 2277 m
Norden

Edelsberg, 1630 m
Pfronten
Falkenstein, 1277 m
Jochberg, 1861 m
Säuling, 2047 m
Kreuzkopf, 1909 m
Hoher Straußberg, 1933 m
Branderschrofen, 1880 m
Krähe, 2012 m
Hochplatte, 2082 m
Feigenkopf, 1866 m
Hohe Bleick, 1638 m
Frieder, 2050 m

Hochwanner, 2744 m
Reither Spitze, 2744 m
Gr. Löffler, 3378 m
Patscherkofel, 2248 m
Hoher Riffler, 3231 m
Olperer, 3476 m
Schrammacher, 3410 m
Saile, 2404 m
Serles, 2717 m
Wilde Kreuzspitze, 3134 m
Hohe Munde, 2662 m
Schlicker Seespitze, 2804 m
Sass Rigais, 3025 m
Piz Boe, 3152 m
Marmolada, 3343 m
Habicht, 3277 m
Äußere Wetterspitze, 3070 m
Östl. Feuerstein, 3267 m
Hochwand, 2719 m
Ruderhofspitze, 3474 m
Zuckerhütl, 3507 m
Schrankogel, 3497 m
Plattspitzen, 2676 m
Wilde Leck, 3361 m

…e, 3480 m
…nplattig, 2768 m
Ramolkogel, 3551 m
Acherkogel, 3007 m
Similaun, 3607 m
Mitterspitzen, 2701 m
Wildspitze, 3774 m
Hochvernagtspitze, 3539 m
Weißkugel, 3739 m
Watzespitze, 3532 m
Ortler, 3905 m
Westl. Griesspitze, 2741 m
Glockturm, 3353 m
Pfroslkopf, 3148 m
Vord. Tajakopf, 2450 m
Wetterspitzen, 2746 m
Piz Sesvenna, 3204 m
Grünstein, 2661 m
Bernina, 4049 m
Tschirgant, 2370 m
Muttler, 3294 m
Stammerspitz, 3254 m
Schneefernerkopf, 2874 m
Fluchthorn, 3399 m
Wannig, 2493 m
Hoher Riffler, 3168 m
Parseierspitze, 3036 m

Muttekopf, 2774 m
Heiterwand, 2639 m
Freispitze, 2884 m
Wetterspitze, 2895 m
Valluga, 2809 m
Namloser Wettersp., 2553 m
Schesaplana, 2965 m
Rote Wand, 2704 m
Gartner Wand, 2377 m
Hohes Licht, 2651 m
Elmer Kreuzspitze, 2480 m
Urbeleskarspitze, 2632 m
Nebelhorn, 2224 m
Rauhhorn, 2240 m
Hochgrat, 1834 m
Hochschrutte, 2247 m
Grünten, 1738 m
Köllenspitze, 2238 m
Gehrenspitze,
Westen

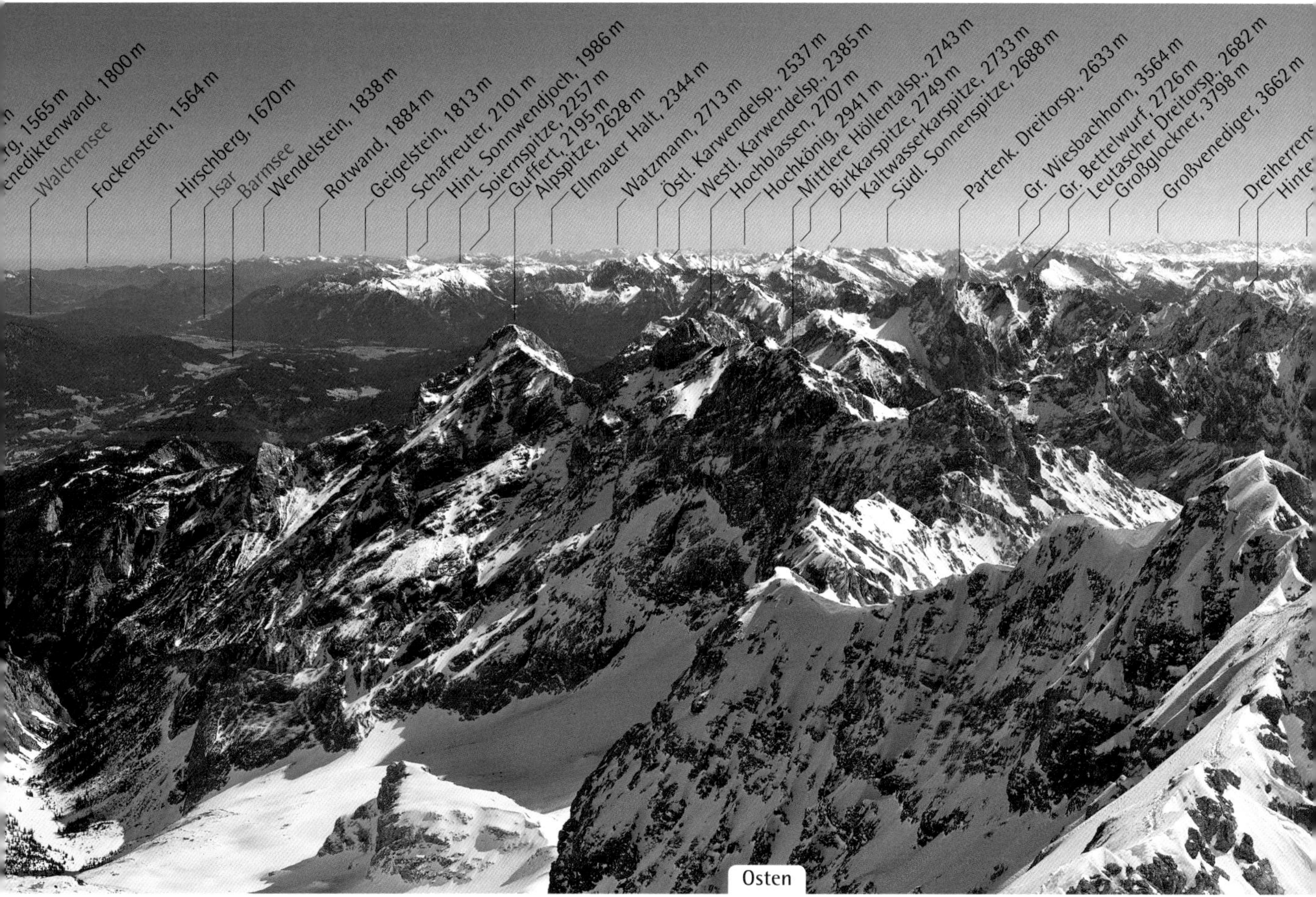
g, 1565 m
enediktenwand, 1800 m
Walchensee
Fockenstein, 1564 m
Hirschberg, 1670 m
Isar
Barmsee
Wendelstein, 1838 m
Rotwand, 1884 m
Geigelstein, 1813 m
Schafreuter, 2101 m
Hint. Sonnwendjoch, 1986 m
Soiernspitze, 2257 m
Guffert, 2195 m
Alpspitze, 2628 m
Ellmauer Halt, 2344 m
Watzmann, 2713 m
Östl. Karwendelsp., 2537 m
Westl. Karwendelsp., 2385 m
Hochblassen, 2707 m
Hochkönig, 2941 m
Mittlere Höllentalsp., 2743 m
Birkkarspitze, 2749 m
Kaltwasserkarspitze, 2733 m
Südl. Sonnenspitze, 2688 m
Partenk. Dreitorsp., 2633 m
Gr. Wiesbachhorn, 3564 m
Gr. Bettelwurf, 2726 m
Leutascher Dreitorsp., 2682 m
Großglockner, 3798 m
Großvenediger, 3662 m
Dreiherrens
Hinte
Osten

KOMPASS
Grainau
Obergrainau
Hammersbach
Eibsee
Zugspitze
Waxenstein
Alpspitze
Kreuzeck
Hochblassen
Höllentalspitze
Riffelwandspitze
Schneefernerkopf
Nördliche Wetterspitze
Reintal
Stuibenwald
Schachenwald
Leutascher Dreitorspitze
Partenkirchner Dreitorspitze
Hoher Gaif
Stuibenkopf
Höllentalangerhütte
Reintalangerhütte
Knorrhütte
Münchner Haus
Kreuzeckhaus
Hochalm
Osterfelderkopf
Rauhkopf
Hupfleitenjoch
Schwarzenkopf
Riffelspitzen
Zugspitzeck
Sonnenspitzl
Kaiserköpfe
Bärenheimatkopf
Zwölferkopf
Schöneckspitze
Schönangerspitze
Grieskar
Hoher Gaifkopf
Gamsanger
Kl. Hundsstallkopf
Jungfernkarkopf
Partnachklamm
Wildenau
Vorder-graseck
Rießerkopf
Stangenwald
Riffelwald
Unterwald
Lärchwald
Roßkopf
NSG
1 km

Exzellenter Aussichtsbalkon oberhalb des Inntals. Im Süden ragen die Gipfel der Zillertaler, Stubaier und Ötztaler Alpen auf. Die Lechtaler Alpen sowie das Wetterstein- und Karwendelgebirge ergänzen das Panorama.

Blick auf die Ostseite des Berges, an der sich der Bergweg hinaufzieht: Der östlichste Gipfel der Mieminger Kette ist eine imposante Erscheinung.

Charakter des Weges: Anspruchsvollere, lange und sonnige Traumtour; im oberen Bereich durch Schrofengelände; gut beschildert; Trittsicherheit und sehr gute Kondition erforderlich.

Ausgangspunkt: Parkplatz Buchner Höhe, 6410 Buchen, Österreich
Höhenangaben: Tal 1260 m; Berg 2662 m; im Aufstieg 1470 Hm inklusive 70 Hm Gegenanstieg
Einkehrmöglichkeiten / Unterkunft: Rauthhütte mit Übernachtungsmöglichkeit, 1605 m (www.rauthhuette.at)

Wegbeschreibung:
Aufstieg: Vom Parkplatz der Beschilderung Rauthhütte folgend zum einfachen Steig 99, der durch Mischwald zur Rauthhütte führt. Von hier nimmt man Weg 8 durch Latschengelände und steigt auf dem Ostrücken immer steiler hinauf. Es wird felsiger, doch muss man kaum die Hände zu Hilfe nehmen. Schließlich erreicht man den Ostgipfel (2592 m). Nun nach Westen 70 Hm bergab in eine Scharte (im Spätherbst oft vereist) und relativ unschwierig über felsiges Gelände zum Westgipfel. Gehzeit 4:00 h.
Abstieg: Den gleichen Weg zurück in 2:45 h.
Alternative Ausgangspunkte: Gebührenpflichtige Parkplätze in Moos an der Talstation des Mundelifts (1170 m) und in Leutasch Klamm. Die beschilderten Wege führen durch den Wald in 1:15 h zur Rauthhütte.
Überschreitung: Traumtour! Über den gut gesicherten Westgrat-Klettersteig Weg 8A (Klettersteig-Ausrüstung und Schwindelfreiheit erforderlich) steigen wir zur Niederen Munde. Von dort nehmen wir Weg 811 durch steile Latschengassen (bei Nässe rutschig) ins Gaistal und gehen den Forstweg nach Leutasch Klamm zurück zum Parkplatz. Gehzeit ab Westgipfel 4:30 h.

Äußere Höllentalsp., 2720 m
Hochblassen, 2707 m
Hochwanner, 2744 m
Hinterreintalschrofen, 2670 m
Bischof, 2033 m
Krottenkopf, 2086 m
Oberreintalschrofen,
Norden

Hochwand, 2719 m
Thaneller, 2341 m
Kohlbergspitze, 2202 m
Köllenspitze, 2238 m
Gehrenspitze, 2163 m
Upsspitze, 2332 m
Daniel, 2340 m
Wetterspitzen, 2746 m
Schneefernerkopf, 2874 m
Plattspitzen, 2676 m
Zugspitze, 2962 m
Innere Höllentalsp., 2741 m
Mittlere Höllentalsp., 2743 m

334 m
spitze, 2454 m
Kemacher, 2480 m
Erlspitze, 2405 m
Kl. Solstein, 2637 m
Großvenediger, 3662 m
Dreiherrenspitze, 3499 m
Rötspitze, 3495 m
Glungezer, 2677 m
Gr. Löffler, 3378 m
Hoher Riffler, 3231 m
Gefrorene-Wand-Sp., 3270 m
Olperer, 3476 m
Schrammacher, 3410 m
Saile, 2404 m
Inn
Serles, 2717 m
Wilde Kreuzspitze, 3134 m
Schlicker Seespitze, 2804 m
Marmolada, 3343 m
Habicht, 3277 m
Roßkogel, 26

Östl. Feuerstein, 3267 m
Peider Spitze, 2808 m
Seejoch, 2808 m
Ruderhofspitze, 3474 m
Lüsener Fernerkogel, 3298 m
Schrankogel, 3497 m
Hocheder, 2796 m
Rietzer Grieskogel, 2884 m
Breiter Grieskogel, 3287 m
Strahlkogel, 3288 m
Sulzkogel, 3016 m
Zwölferkogel, 2988 m
Wildspitze, 3774 m
Hochreichkopf, 3010 m
Pirchkogel, 2828 m
Acherkogel, 3007 m
Watzespitze, 3532 m
Fundusfeiler, 3079 m
Pfroslkopf, 3148 m
Wildgrat, 2971
Süden

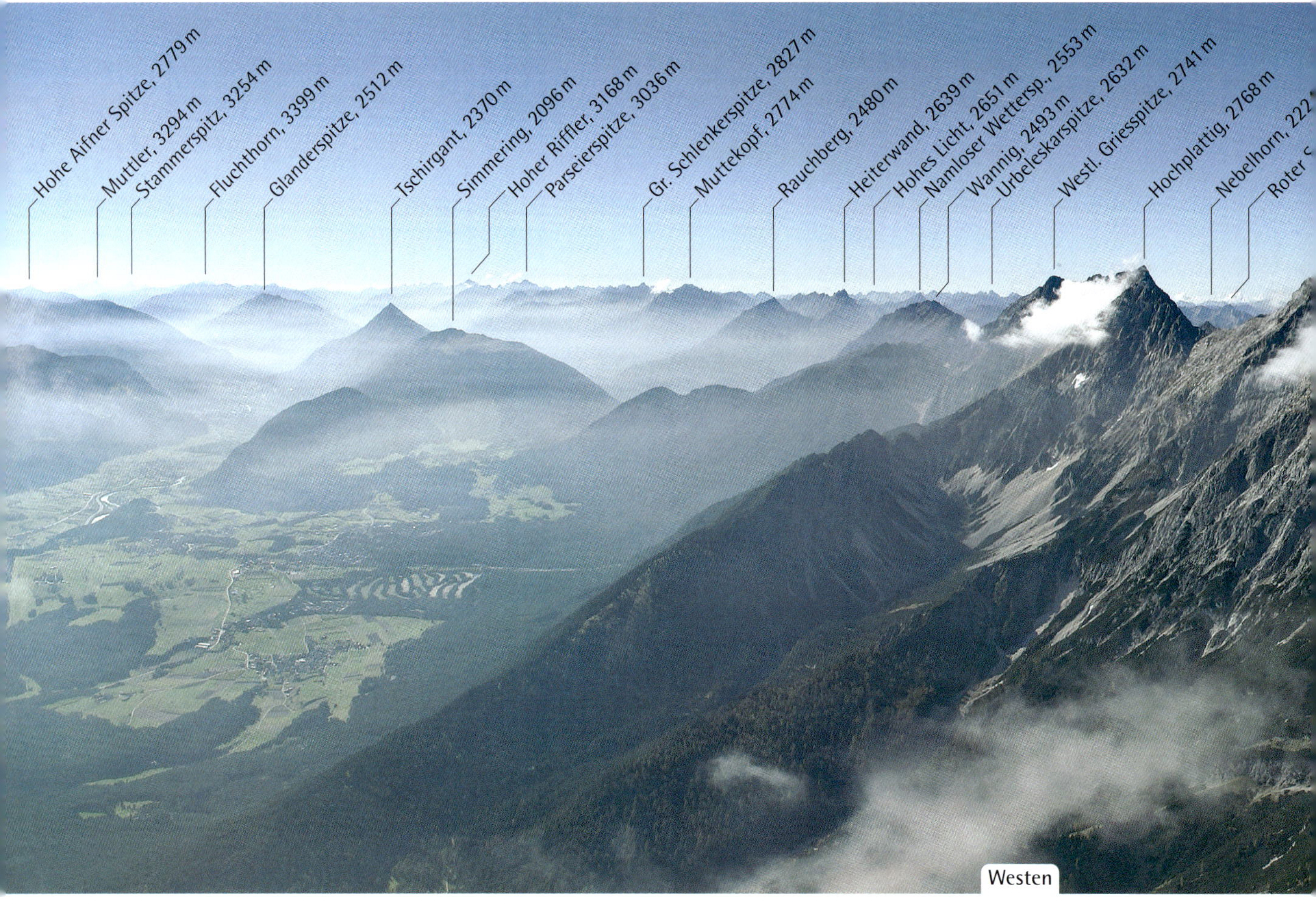
Hohe Aifner Spitze, 2779 m
Muttler, 3294 m
Stammerspitz, 3254 m
Fluchthorn, 3399 m
Glanderspitze, 2512 m
Tschirgant, 2370 m
Simmering, 2096 m
Hoher Riffler, 3168 m
Parseierspitze, 3036 m
Gr. Schlenkerspitze, 2827 m
Muttekopf, 2774 m
Rauchberg, 2480 m
Heiterwand, 2639 m
Hohes Licht, 2651 m
Namloser Wettersp., 2553 m
Wannig, 2493 m
Urbeleskarspitze, 2632 m
Westl. Griesspitze, 2741 m
Hochplattig, 2768 m
Nebelhorn, 222
Roter
Westen

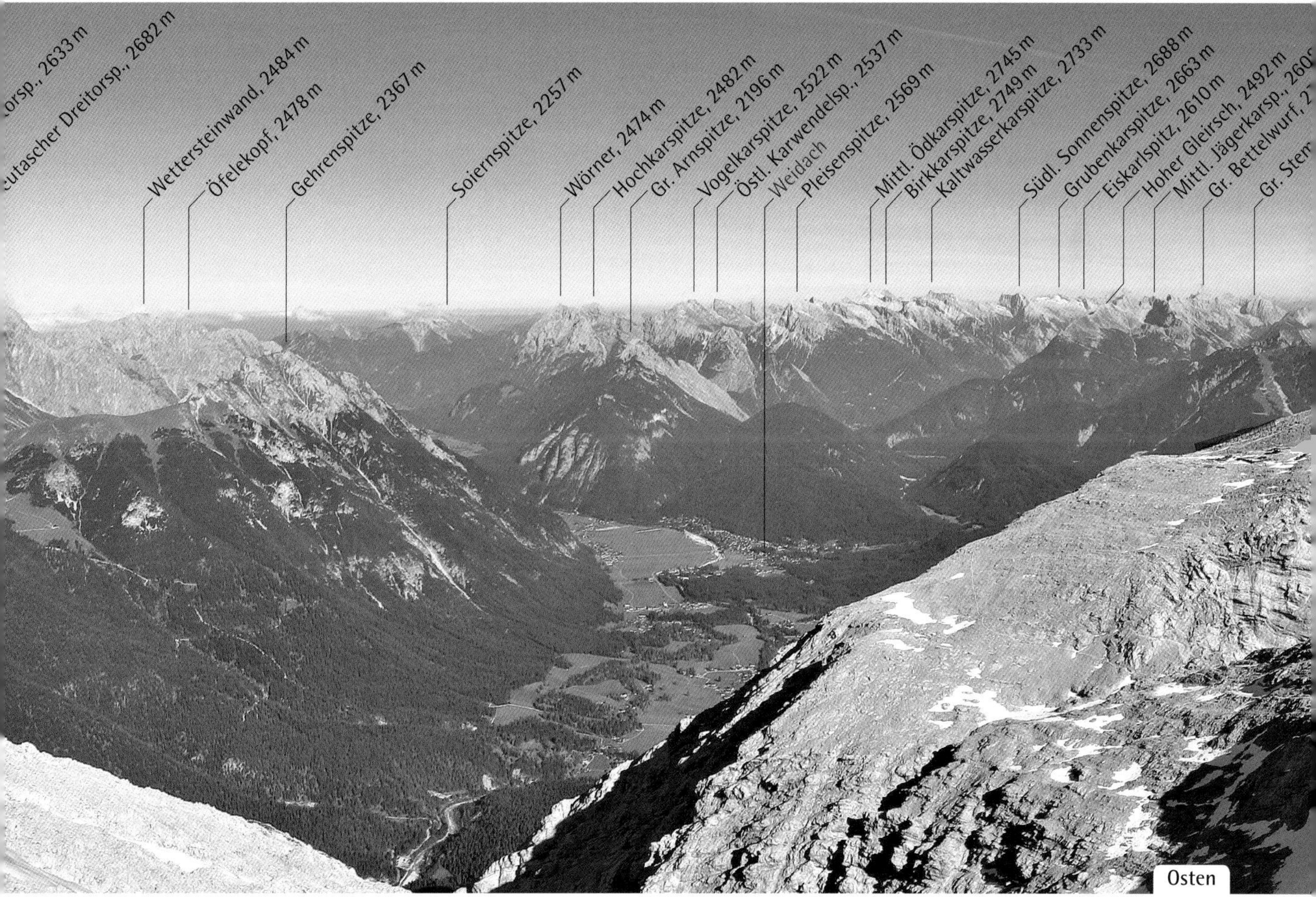

orsp., 2633 m
eutascher Dreitorsp., 2682 m
Wettersteinwand, 2484 m
Öfelekopf, 2478 m
Gehrenspitze, 2367 m
Soiernspitze, 2257 m
Wörner, 2474 m
Hochkarspitze, 2482 m
Gr. Arnspitze, 2196 m
Vogelkarspitze, 2522 m
Östl. Karwendelsp., 2537 m
Weidach
Pleisenspitze, 2569 m
Mittl. Ödkarspitze, 2745 m
Birkkarspitze, 2749 m
Kaltwasserkarspitze, 2733 m
Südl. Sonnenspitze, 2688 m
Grubenkarspitze, 2663 m
Eiskarlspitz, 2610 m
Hoher Gleirsch, 2492 m
Mittl. Jägerkarsp., 260
Gr. Bettelwurf, 2
Gr. Stem
Osten

KOMPASS
Ruhegebiet
Gaistalalm 1366
Ganghoferweg
Hämmermoosalm 1417
Adlerweg
Leutascher Ache
Oberleutascher Klamm
Kirchplatzl 1136
Ganghofer-museum
Klammer-Mähder
Plaikner-Mähder
Hütten-INFO
Parkplätze gebührenpfl.!
St. Josef
Klamm
Plaik
Aue
Platzl
Bike Trail Tirol
Kalvarien-berg
Öfen
Mauser-steig
Obern 1176
Zugspitze
Karwendel-hof
Hennen-gassl
Bründlmoos
Ostbach
Bichlwald
Ehrenfried
Moos
Mooser-Weg
Hofertal
Karkopf 2469
Kl-Karkopf 2241
Niedere Munde 2059
Adler-Klettersteig
Klettergarten
Nied. Munde-Steig
Gelbe Wand
Hohe Munde
Westgipfel 2662
Ostgipfel 2592
Mundenlehn
Zugspitzblick
Rauthhüttenweg
Tschopflehn
Hüttenrinne
Rauthhütte 1605
Rappental
Obere Mähder
Schlagweg
Hintereggen-steig
Scharnjoch
Strassberg
Schafboden
Hohe Klamm
Innatalblick
Brünste
Katzenloch
Ladstattwald 1247
Muggenmoosht. (nur Winter)
Muggenmoos
Strassberghaus 1191
Köllensperger Jhtt.
Klettergarten
Gamshüttl (Jhtt.) 1255
Breitlehn
Buchener Steig
Buchner Höhe
Buchen 1193
Schlag-steig
Leutschenau
Strassbergweg
Zimmerbergklamm
Arzbergklamm
Kupf 985
Arzberg 1069
Kochental
Ropferstub'm 1210
Bauernmuseum
Sonnenkultarena
Sonnplatzl-hütte
Interalpen-Hotel Tirol 1358
Golfclub Seefeld-Wildmoos
Clubhaus
Lottenseehütte 1262
Lottensee (periodisch)
Möserer
Lehen
Mufflon-Gehege
St. Veit 861
Erich-Scharmer-Steig
Arzbergsiedlung
Bergwachtsteig
Berghof
Zimmerberg
Hinter-berg
Sonnen-siedlung
Südtiroler
St. Georgen
Birkenberg
Cafe Birkenberg
Hl. Maria 742
Brand
Sagl
Bairbach 876
Ropferswald
Hochleite
Mühltal
Pirschtsteig
1 km

Prächtiger Aussichtsgipfel! Der Blick streift über das Wetterstein- und Karwendelgebirge bis zum Alpenhauptkamm. Bei bester Sicht wird man mit dem Fernglas auch den Langkofel in den Dolomiten entdecken.

Der felsige Gipfelturm der Westlichen Karwendelspitze stellt den Höhepunkt der langen Bergwanderung dar.

Charakter des Weges: Anspruchsvolle, zum Teil ausgesetzte und lange Tour; gut beschildert; Trittsicherheit, Schwindelfreiheit und sehr gute Kondition erforderlich.

Ausgangspunkt: Parkplatz an der B2 in der Abfahrt „Mittenwald Mitte“
Höhenangaben: Tal 950 m; Berg 2385 m; im Aufstieg 1435 Hm
Einkehrmöglichkeiten/Unterkunft: Gaststätte an der Bergstation (2244 m) der Seilbahn; Übernachtungsmöglichkeiten: Mittenwalder Hütte, 1515 m (www.mittenwalder-hütte.de), Dammkarhütte, 1667 m (www.dammkarhuette.de), Brunnsteinhütte, 1569 m (www.brunnsteinhuette.de)

Wegbeschreibung:
Aufstieg: Bis zur Mittenwalder Hütte führt ein leichter Bergweg, der danach in recht ausgesetztes Schrofengelände übergeht (Sicherungen) und nach 2:15 h die Bergstation der Seilbahn erreicht. Von hier aus sind es noch 0:45 h zum Gipfel auf einem drahtseilgesicherten, steilen Steig.
Abstieg: Gleicher Weg zurück in 2:30 h oder besser durch das Dammkar: An der Bergstation der Seilbahn den Tunnel zum Dammkar nehmen. Auf gutem, aber gerölligem Weg über die Dammkarhütte durch das gesamte Kar hinab und weiter auf einer Forststraße zum Parkplatz. Gehzeit 2:45 h.
Rundtour: Der Mittenwalder Höhenweg ist ein beliebter Klettersteig (Klettersteigausrüstung erforderlich!), der an der Nördlichen Linderspitze beginnt und über mehrere Karwendelgipfel zum Brunntalanger führt. Bis hierher ist man 2:30 h unterwegs. Nun kann man über die Brunnsteinhütte nach Mittenwald zurückgehen, wofür noch mal 2:30 h benötigt werden.
Karwendelbahn: Preise und Betriebszeiten unter www.karwendelbahn.de. Parkplatz an der Talstation in der Alpenkorpsstraße 1, 82481 Mittenwald.

Walchensee
Karwendelköpfe, 2366 m
Jochberg, 1565 m
Schöttelkarspitze, 2050 m
Rabenkopf, 1555 m
Soiernspitze, 2257 m
Fockenstein, 1564 m
Ochsenkamp, 1594 m
Hirschberg, 1670 m
Wörner, 2474 m

Hoher Fricken, 1940 m
Laber, 1686 m
Wagenbrüchsee
Bischof, 2033 m
Schmalsee
Kareck, 2046 m
Krottenkopf, 2086 m
Barmsee
Hohe Kiste, 1922 m
Isar
Simetsberg, 1840 m
Krün
Wallgau
Heimgarten, 1790 m
Herzogstand, 1731 m
Norden

…enspitze, 2569 m
Gr. Lafatscher, 2696 m
Hint. Bachofenspitze, 2668 m
Roßkopf, 2670 m
Westl. Praxmarerkarsp., 2642 m
Hoher Riffler, 3231 m
Gr. Möseler, 3480 m
Mittl. Jägerkarsp., 2608 m
Olperer, 3476 m
Schrammacher, 3410 m
Hoher Gleirsch, 2492 m
Kraxentrager, 2999 m
Kemacher, 2480 m
Langkofel, 3181 m
Wilde Kreuzspitze, 3134 m
Hint. Brandjochsp., 2599 m
Hohe Warte, 2597 m
Kl. Solstein, 2637 m
Pflerscher Tribulaun, 3097 m
Gr. Solstein, 2541 m
Habicht, 3277 m
Erlspitze
Süden

ilder Freiger, 3418 m
Zuckerhütl, 3507 m
Freiungspitzen, 2332 m
Ruderhofspitze, 3474 m
Schrankogel, 3497 m
Sulzleklammspitze, 2321 m
Lüsener Fernerkogel, 3298 m
Reither Spitze, 2374 m
Gleirscher Fernerkg., 3194 m
Peider Spitze, 2808 m
Strahlkogel, 3288 m
Seejoch, 2808 m
Sulzkogel, 3016 m
Südl. Linderspitze, 2305 m
Rietzer Grieskogel, 2884 m
Acherkogel, 3007 m
Wildgrat, 2971 m
Stammerspitz, 3254 m
Gr. Arnspitze, 2196 m
Hohe Munde, 2662 m
N. Lindersp., 2372
Parseierspitz
3036 m

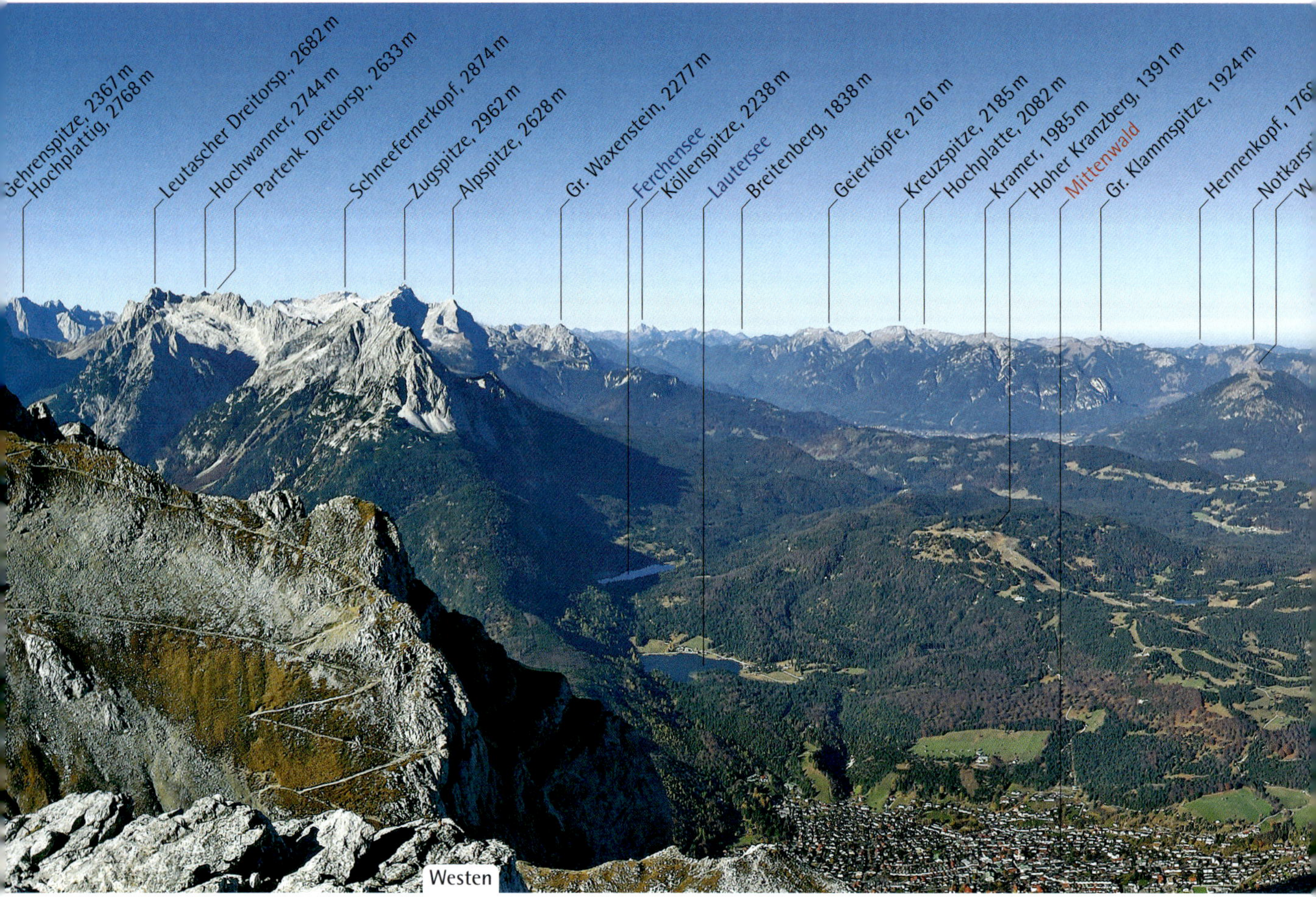
Gehrenspitze, 2367 m
Hochplattig, 2768 m
Leutascher Dreitorsp., 2682 m
Hochwanner, 2744 m
Partenk. Dreitorsp., 2633 m
Schneefernerkopf, 2874 m
Zugspitze, 2962 m
Alpspitze, 2628 m
Gr. Waxenstein, 2277 m
Ferchensee
Köllenspitze, 2238 m
Lautersee
Breitenberg, 1838 m
Geierköpfe, 2161 m
Kreuzspitze, 2185 m
Hochplatte, 2082 m
Kramer, 1985 m
Hoher Kranzberg, 1391 m
Mittenwald
Gr. Klammspitze, 1924 m
Hennenkopf
Westen

rkarspitze, 2430 m
Hochkarspitze, 2482 m
Hint. Sonnwendjoch, 1986 m
Guffert, 2195 m
Hochunnütz, 2075 m
Bäralplkopf, 2323 m
Vogelkarspitze, 2522 m
Östl. Karwendelsp., 2537 m
Larchetfleckspitze, 2362 m
Grabenkarspitze, 2471 m
Laliderer Falk, 2427 m
Hochkönig, 2941 m
Steinfalk, 2347 m
Gamsjoch, 2452 m
Sonnjoch, 2457 m
Mittl. Ödkarspitze, 2745 m
Kaltwasserkarspitze, 2733 m
Marxenkarspitze, 2636 m
Breitgrieskarspitze, 2590 m
Gr. Seekarspitze, 2677 m
Gr. Riedlkarspitze, 2585 m
Larchetkarspitze, 254
Gr. Bettelwur
Osten

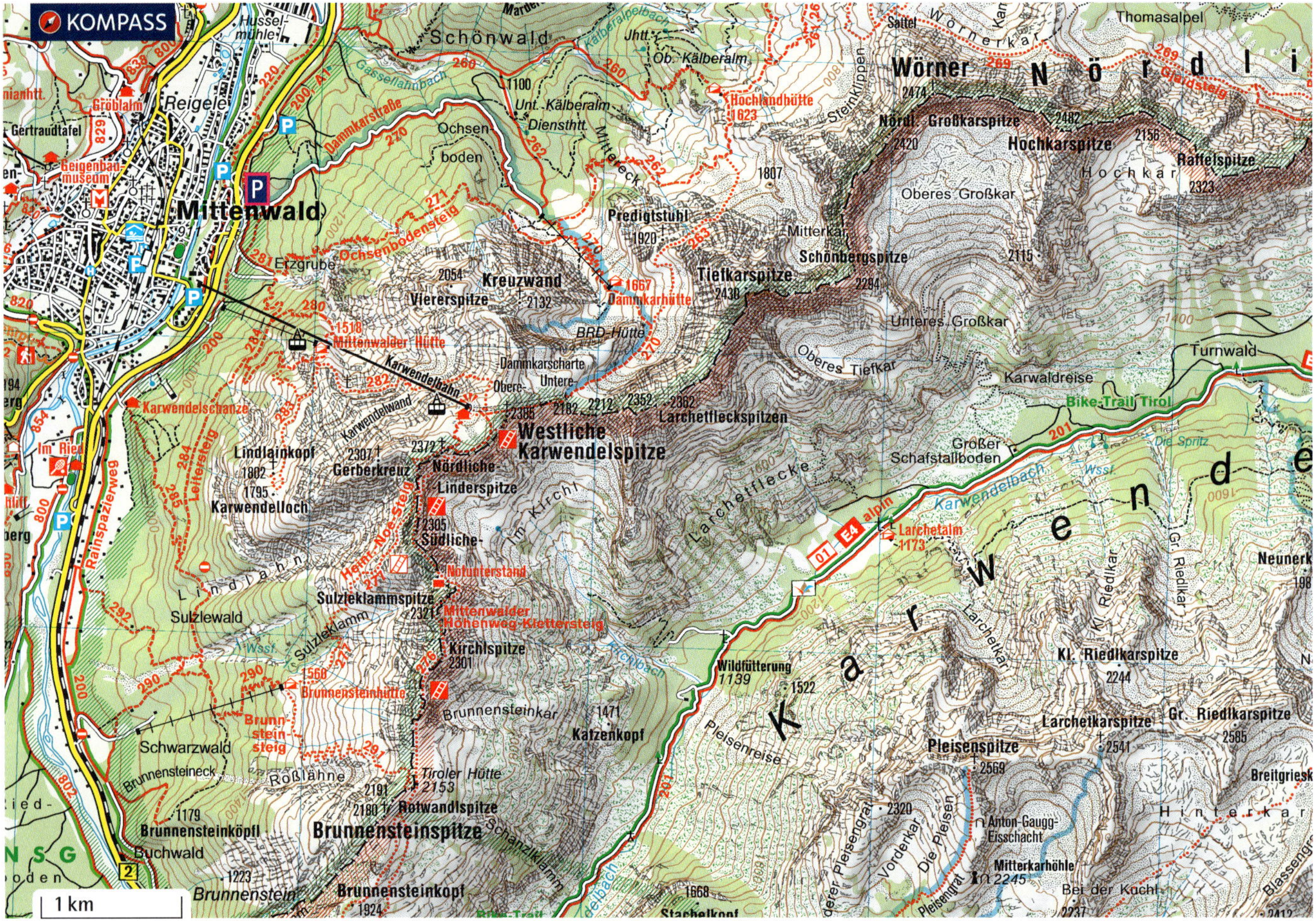
KOMPASS
Mittenwald
Reigele
Gröblalm
Gertraudtafel
Geigenbau-museum
Husselmühle
Schönwald
Gasselahnbach
Kälberalpelbach
Ob. Kälberalm
Unt. Kälberalm
Diensthtt.
Dammkarstraße
Ochsenboden
Mittereck
Hochlandhütte 1623
Steinklippen
Wörner
Wörnerkar
Sattel
Thomasalpel
Nördl. Großkarspitze
Hochkarspitze
Hochkar
Raffelspitze
Oberes Großkar
Predigtstuhl
Mitterkar
Schönbergspitze
Tiefkarspitze
Ochsenbodensteig
Erzgrube
Kreuzwand
Viererspitze
1667 Dammkarhütte
BRD-Hütte
Unteres Großkar
Oberes Tiefkar
1518 Mittenwalder Hütte
Karwendelbahn
Dammkarscharte
Karwaldreise
Turnwald
Bike-Trail Tirol
Karwendelschanze
Karwendelwand
Westliche Karwendelspitze
Larchetfleckspitzen
Großer Schafstallboden
Lindlainkopf
Gerberkreuz
Nördliche Linderspitze
Larchetflecke
Karwendelbach
Karwendel
Im Ried
Leitersteig
Rainspazierweg
Karwendelloch
Im Kirchl
Südliche Linderspitze
Heinr.-Noe-Steig
Notunterstand
Larchetalm 1173
E4 alpin
Lindlahn
Sulzlewald
Sulzleklammspitze
Sulzleklamm
Mittenwalder Höhenweg-Klettersteig
Kirchlspitze
Kirchlbach
Wildfütterung 1139
Larchetkar
Kl. Riedlkar
Gr. Riedlkar
Neunerk
Kl. Riedlkarspitze
1560 Brunnensteinhütte
Brunnsteinsteig
Brunnensteinkar
Katzenkopf
Pleisenreise
Larchetkarspitze
Gr. Riedlkarspitze
Pleisenspitze
Schwarzwald
Brunnensteineck
Roßlähne
Tiroler Hütte 2153
Rotwandlspitze
Schanzlklamm
Brunnensteinspitze
Brunnensteinköpfl
Buchwald
Brunnenstein
Brunnensteinkopf
Pleisengrat
Vorderkar
Die Pleisen
Anton-Gaugg-Eisschacht
Mitterkarhöhle 2245
Bei der Kuchl
Hinterkar
Breitgriesk
Stachelkopf
1 km

Traumhafter Aussichtsberg! Kaum ein Gipfel bleibt verborgen: Von den Hohen Tauern bis zu den Stubaier Alpen reicht der Blick. In der Ferne sind der Watzmann sowie Gipfel der Dolomiten und Lechtaler Alpen auszumachen.

Der formschöne Gipfelaufbau des Kleinen Solstein liegt weit über Innsbruck in luftigen Höhen. Die Besteiung erfolgt durch die Südseite (im Bild rechts).

Charakter des Weges: Bis zum Solsteinhaus leichte Wanderung; bis zum Großen Solstein unschwierige Tour; gut beschildert; Trittsicherheit und gute Kondition erforderlich. Der Aufstieg zum Kleinen Solstein ist schwierig, zum Teil ausgesetzt und gut markiert; Schwindelfreiheit, Orientierungsfähigkeit und alpine Erfahrung erforderlich.

Ausgangspunkt: Bahnhof Hochzirl oder Parkplatz hinter dem Landeskrankenhaus Hochzirl in 6170 Zirl, Österreich
Höhenangaben: Tal 1000 m; Berg 2637 m; im Aufstieg 1750 Hm inklusive 110 Hm Gegenanstiege
Einkehrmöglichkeiten / Unterkunft: Solsteinhaus mit Übernachtungsmöglichkeit, 1806 m (www.solsteinhaus.at)

Wegbeschreibung:
Aufstieg: Vom Parkplatz oder Bahnhof den Beschilderungen zum Solsteinhaus auf Forst- und Bergwegen folgen. Das Solsteinhaus ist in 2:00 h erreicht. Nun den breiten, westlichen Rücken des Großen Solstein hinauf; dieser Bergweg führt durch schrofige Latschengassen und ist unschwierig, solange er trocken ist; im oberen Bereich über Geröll. Gehzeit zum Großen Solstein ab Solsteinhaus 1:45 h. Der Weiterweg ist bedeutend schwieriger: Zunächst 110 Hm bequem absteigen auf ein grasiges Plateau. Von dort in den Fels mit einer ersten Schlüsselstelle, die kraxelnd überwunden wird. Es folgen weitere Querungen, bei denen man etwas klettern muss und die meist Drahtseil gesichert sind. Schließlich gelangt man in die schrofige, terrassierte Südflanke und steigt hinauf zum Gipfelgrat, den man bis hinüber zum Kreuz ausgeht. Gehzeit ab Großem Solstein 1:00 h.
Abstieg: Auf dem gleichen Weg zurück nach Hochzirl in ca. 4:15 h.

Krottenkopf, 2086 m
Hohe Kiste, 1922 m
Rotwandlspitze, 2191 m
Nördl. Linderspitze, 2372 m
Westl. Karwendelsp., 2385 m
Heimgarten, 1790 m
Larchetfleckspitze, 2362 m
Tiefkarspitze, 2430 m
Wörner, 2474 m
Pleisenspitze, 2569 m
Hochkarspitze, 2482 m
Larchetkarspitze, 2541 m
Gr. Riedlkarspitze, 2585 m
Breitgrieskarspitze, 2590 m
Hoher Gleirsch, 2492 m
Vogelkarspitze, 2522 m
Gr. Seekarspitze, 2677 m
Marxenkarspitze, 2636 m
Norden

…1 m
…nplattig, 2768 m
Hohe Munde, 2662 m
Hochwand, 2719 m
Thaneller, 2341 m
Reither Spitze, 2374 m
Kohlbergspitze, 2202 m
Schneefernerkopf, 2874 m
Zugspitze, 2962 m
Mittlere Höllentalsp., 2743 m
Hochblassen, 2707 m
Erlspitze, 2405 m
Alpspitze, 2628 m
Leutascher Dreitorsp., 2682 m
Partenk. Dreitorsp., 2633 m
Öfelekopf, 2478 m
Musterstein, 2477 m
Wettersteinwand, 2484 m
Samstagkarspitze, 2196 m
Gr. Arnspitze, 2196 m
Wank, 1780 m
Laber, 1686 m
Hoher Fricken, 1940 m
Bischof, 2033 m

Großglockner, 3798 m
Großvenediger, 3662 m
Reichenspitze, 3303 m
Dreiherrenspitze, 3499 m
Hirzer, 2725 m
Rötspitze, 3495 m
Roßwandspitze, 3157 m
Malgrübler, 2749 m
Innsbruck
Gr. Löffler, 3378 m
Glungezer, 2677 m
Schwarzenstein, 3369 m
Hoher Riffler, 3231 m
Turnerkamp, 3420 m
Patscherkofel, 2248 m
Olperer, 3476 m
Hochfeiler, 3509 m
Schrammacher, 3410 m
Igls
Kraxentrager, 2999 m
Grabspitz, 3059 m
Wilde Kreuzspitze, 3134 m

Kesselkogel, 3004 m
Rosengartenspitze, 2981 m
Serles, 2717 m
Kesselspitze, 2728 m
Pflerscher Tribulaun, 3097 m
Saile, 2404 m
Habicht, 3277 m
Östl. Feuerstein, 3267 m
Schlicker Seespitze, 2804 m
Wilder Freiger, 3418 m
Zuckerhütl, 3507 m
Axams
Ruderhofspitze, 3474 m
Schrankogel, 3497 m
Lüsener Fernerkogel, 3298 m
Wildspitze, 3774 m
3235 m
Süden

Grubenwand, 3173 m
Breiter Grieskogel, 3287 m
Watzespitze, 3532 m
Schwabenkopf, 3379 m
Zwieselbacher Roßkg., 3081 m
Roßkogel, 2646 m
Peider Spitze, 2808 m
Sulzkogel, 3016 m
Acherkogel, 3007 m
Rietzer Grieskogel, 2884 m
Hocheder, 2796 m
Parseierspitze, 3036 m
Tschirgant, 2370 m
Gr. Schlenkerspitze, 2827 m
Muttekopf, 2774 m
Hohes Licht, 2651 m
Gr. Solstein, 2541 m
Heiterwand, 2639 m
Urbeleskarspitze, 2632 m
Wannig, 2493 m
Westen

Kaltwasserkarspitze, 2733 m
Laliderer Falk, 2427 m
W. Praxmarerkarsp., 2642 m
Südl. Sonnenspitze, 2688 m
Laliderer Spitze, 2588 m
Kaskarspitze, 2580 m
Dreizinkenspitze, 2603 m
Grubenkarspitze, 2663 m
Hint. Bachofenspitze, 2668 m
Gr. Lafatscher, 2696 m
Roßkopf, 2670 m
Hochglück, 2573 m
Speckkarspitze, 2621 m
Kemacher, 2480 m
Gr. Bettelwurf, 2726 m
Rumer Spitze, 2454 m
Watzmann, 2713 m
Birnhorn, 2631 m
Hochkönig, 2941 m
Gr. Galtenberg, 2424 m
Kellerjoch, 2344 m
Hint. Brandjochsp., 2599 m
Vord. Brandjochsp., 2559
Hoher
Osten

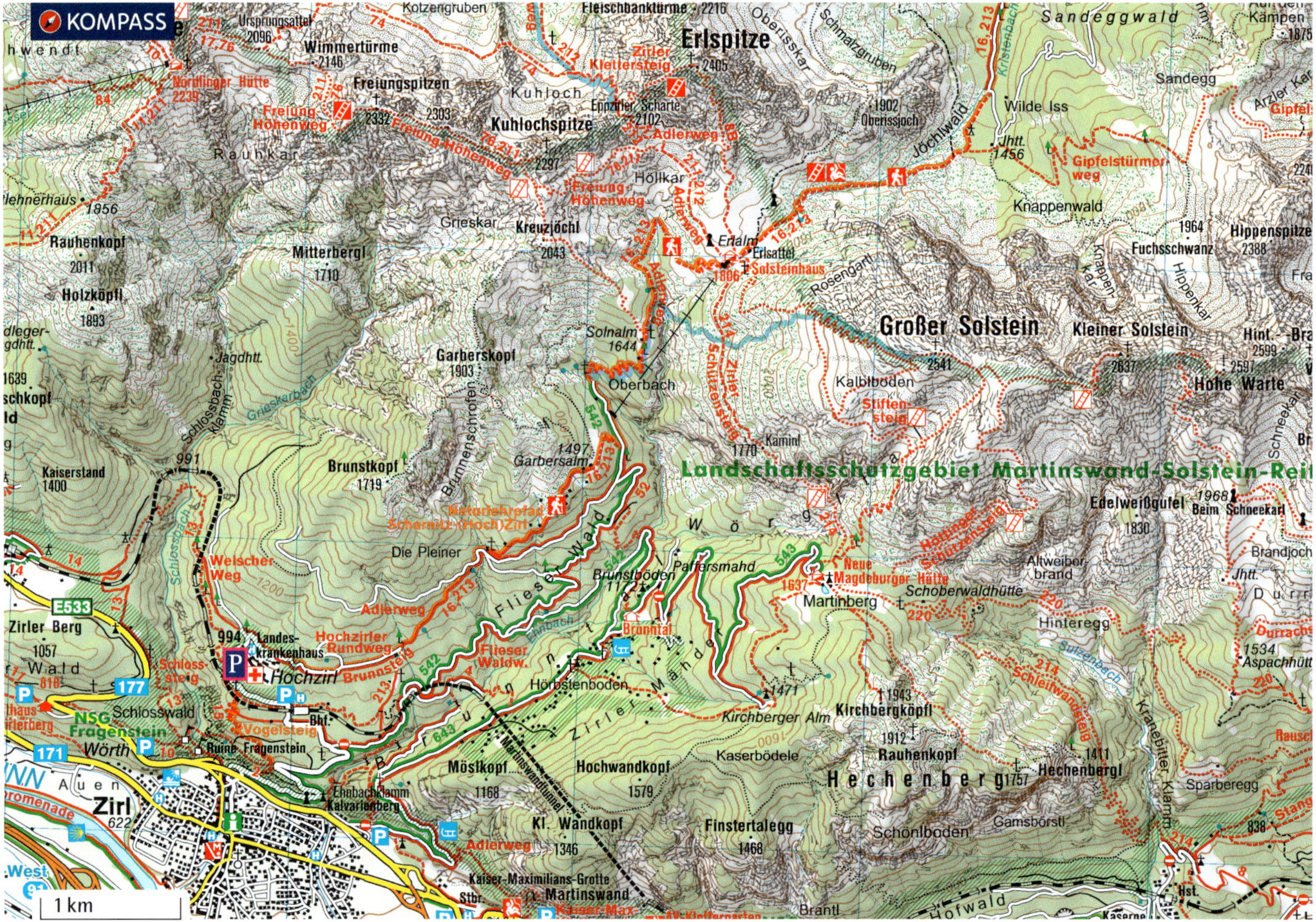

KOMPASS
Kotzengruben
Fleischbanktürme 2216
Erlspitze
2405
Oberisskar
Schmalzgruben
Sandeggwald
Kämpen
1875
Ursprungsattel
2096
Wimmertürme
2146
Nördlinger Hütte
2239
Freiungspitzen
Zirler Klettersteig
Kuhloch
Eppzirler Scharte
2102
1902
Oberissjoch
Sandegg
Wilde Iss
Freiung-Höhenweg
2332
2303
Kuhlochspitze
Adlerweg
Jöchlwald
Jhtt.
1456
Gipfelstürmerweg
Rauhkar
2297
Höllkar
Knappenwald
1956
Grieskar
Kreuzjöchl
2043
Erlalm
Erlsattel
1806
Solsteinhaus
1964
Fuchsschwanz
Hippenspitze
2388
Rauhenkopf
2011
Mitterbergl
1710
Rosengartl
Knappenkar
Hippenkar
Holzköpfl
1893
Großer Solstein
Kleiner Solstein
Jagdhtt.
Garberskopf
1903
Solnalm
1644
2541
2637
2599
2597
Hohe Warte
Oberbach
Kalbiboden
Stiftensteig
Schlossbach-Klamm
Grieskarbach
Ziegler Schützensteig
Kaiserstand
1400
991
Brunnenschrofen
1497
Garbersalm
1770
Kaminl
Brunstkopf
1719
Landschaftsschutzgebiet Martinswand-Solstein-Reith
Naturlehrpfad
Scharnitz-(Hoch)Zirl
Edelweißgufel
1968
Beim Schneekarl
1830
Die Pleiner
Wörgl
Welscher Weg
Brunstböden
Paffersmahd
Neue Magdeburger Hütte
1637
Altweiberbrand
Brandjoch
Jhtt.
Fliesser Wald
Adlerweg
Martinberg
Schoberwaldhütte
E533
Zirler Berg
1057
994
Landeskrankenhaus
Hochzirler Rundweg
Brunntal
Hinteregg
Hochzirl
Brunnsteig
Fliesser Waldw.
Schlosssteig
Hörbstenboden
Zirler Mähder
Sulzenbach
Schleifwandsteig
1534
Aspachhütt
177
Schlosswald
1471
1943
Kirchberger Alm
Kirchbergköpfl
NSG Fragenstein
Vogelsteig
Bhf.
Ruine Fragenstein
1912
Rauhenkopf
1411
Hechenbergl
171
Wörth
Möslkopf
1168
Hochwandkopf
1579
Kaserbödele
Hechenberg
1757
Kranebitter Klamm
Sparberegg
Auen
Zirl
622
Ehnbachklamm
Kalvarienberg
Martinswandtunnel
Kl. Wandkopf
1346
Finstertalegg
1468
Schönboden
Gamsbörstl
838
Adlerweg
West
Kaiser-Maximilians-Grotte
Martinswand
Stbr.
Brantl
Hofwald
Hst.
Kaserne
1 km

Spektakuläres Panorama! Hier ist das Herz des Karwendelgebirges mit all seinen Kämmen und Karen. Man sieht fast jeden Karwendelgipfel und blickt auch auf den Alpenhauptkamm und die Bayerischen Voralpen.

Im Zentrum des Karwendelgebirges ragt sein höchster Gipfel empor. Der Schlussanstieg erfolgt durch seine hier gezeigte Westseite.

Charakter des Weges: Einfacher Anstieg zum Karwendelhaus, von dort aber schwierige Tour; gut beschildert; Trittsicherheit, Schwindelfreiheit und sehr gute Kondition erforderlich; am besten 2 Tage einplanen.

Ausgangspunkt: Parkplatz 3 km östlich von 6215 Hinterriß, Österreich
Höhenangaben: Tal 960 m; Berg 2749 m; im Aufstieg 1815 Hm
Einkehrmöglichkeiten / Unterkunft: Karwendelhaus mit Übernachtungsmöglichkeit, 1771 m (www.karwendelhaus.com); Kastenalm, 1220 m; Birkkarhütte (Notunterstand) am Schlauchkarsattel, 2635 m

Wegbeschreibung:
Zugang zum Karwendelhaus: In 3:15 h durch das Johannestal auf Forst- und Bergwegen 231 und 201; zurück in 2:30 h.
Aufstieg zur Birkkarspitze: Auf Weg 225 ins Schlauchkar; dort über Geröll und zunehmend steiler zum Schlauchkarsattel (im Herbst oft vereist); auf gesichertem Steig zum Gipfel. Gehzeit ab Karwendelhaus 2:30 h bei 980 Hm.
Rundtour ab Karwendelhaus: Interessante, lange und anspruchsvolle Tour über die drei Ödkarspitzen; man nimmt den Brendelsteig im Auf- und das Schlauchkar im Abstieg. Zahlreiche Drahtseilsicherungen und leichte Kletterstellen. Keine Quellen. Gehzeit ab Karwendelhaus zur Birkkarspitze 4:30 h bei 1100 Hm. Abstieg durch das Schlauchkar auf Weg 225 in 2:00 h.
Überschreitung: In Kombination mit dem Parkplatz „Karwendeltäler" (965 m) in 6108 Scharnitz, Österreich: 19 km lange Wanderung auf einer Forststraße durch das Karwendeltal mit 5:00 h Gehzeit zum Karwendelhaus; Aufstieg zur Birkkarspitze in 2:30 h; langer, südseitiger Abstieg auf Weg 225 durch das westl. Birkkar ins Hinterautal in 2:30 h; ggf. Abstecher zur Kastenalm; Wanderung auf der Forststraße an der jungen Isar entlang in weiteren 3:30 h.

Schönalmjoch, 1986 m
Demeljoch, 1923 m
Fleischbank, 2026 m
Hölzelstaljoch, 2012 m
Juifen, 1988 m
Grasbergjoch, 2020 m
Halserspitz, 1862 m
Rotwand, 1884 m
Schreckenspitze, 2022 m
Rißer Falk, 2413 m
Guffert, 2195 m
Hint. Sonnwendjoch, 1986 m
Mondscheinspitze, 2106 m
Lalidererer Falk, 2427 m
Seekarspitze, 2053 m
Seebergspitze, 2085 m
Steinfalk, 2347 m
Ellmauer Halt, 2344 m
Hochiss, 2299 m
Watzmann, 2713 m
Gamsjoch
Birnh

Östl. Karwendelsp., 2537 m
Grabenkarspitze, 2471 m
Vorderskopf, 1858 m
Lackenkarkopf, 2416 m
Schlauchkarkopf, 2500 m
Schafreuter, 2101 m
Delpsjoch, 1945 m
Kuhkopf, 2399 m
Baumgartenjoch, 1939 m
Norden

Hochfeiler, 3509 m
Olperer, 3476 m
Schrammacher, 3410 m
Glungezer, 2677 m
Kraxentrager, 2999 m
Wilde Kreuzspitze, 3134 m
Gr. Lafatscher, 2696 m
Rosengartenspitze, 2981 m
Rollspitze, 2800 m
Vord. Bachofenspitze, 2663 m
Roßkopf, 2670 m
Hint. Bachofenspitze, 2668 m
Sonntagskarspitze, 2575 m
Serles, 2717 m
Pflerscher Tribulaun, 3097 m
Kaskarspitze, 2580 m
Habicht, 3277 m
Wilder Freiger, 3418 m
Westl. Praxmarerkarsp., 2642 m
Zuckerhütl, 3507 m
Kemacher, 2480 m
Ruderhofspitze, 3474 m
Süden

Mittl. Jägerkarspitze, 2608 m
Birkköpfe, 2574 m
Strahlkogel, 3288 m
Watzespitze, 3532 m
Hoher Gleirsch, 2492 m
Erlspitze, 2405 m
Acherkogel, 3007 m
Rietzer Grieskogel, 2884 m
Reither Spitze, 2374 m
Hoher Riffler, 3168 m
Tschirgant, 2370 m
Parseierspitze, 3036 m
Hohe Munde, 2662 m
Gr. Seekarspitze
Hochwanner, 2744 m
Pleisenspitze, 2569 m
Partenk. Dreitorsp., 2633 m
Zugspitze, 2962 m
Westen

Mittl. Ödkarspitze, 2745 m
Östl. Ödkarspitze, 2738 m
Tiefkarspitze, 2430 m
Wörner, 2474 m
Hochkarspitze, 2482 m
Raffelspitze, 2323 m
Bäralpkopf, 2323 m
Hint. Schlichtenkarsp., 2473 m
Vogelkarspitze, 25
Hochalmkre

Sonnjoch, 2457 m
Rappenspitze, 2223 m
Rauher Knöll, 2278 m
Lamsenspitze, 2508 m
Gr. Wiesbachhorn, 3564 m
Großglockner, 3798 m
Spritzkarspitze, 2606 m
Laliderer Wand, 2620 m
Großvenediger, 3662 m
Grubenkarspitze, 2663 m
Dreiherrenspitze, 3499 m
Nördl. Sonnenspitze, 2650 m
Hochkanzel, 2575 m
Südl. Sonnenspitze, 2688 m
Kaltwasserkarspitze, 2733 m
Gr. Löffler, 3378 m
Gr. Bettelwurf, 2726 m
Schwarzenstein, 3369 m

KOMPASS
Hochalpikopf
Rappenspitze
Rappenkamm
Wechselgraben
Wechselschneid
Rohntalalm
Rohntalboden
Pürschhaus
Ruhegebiet im Winter
Rohntal
Klausboden
INFO-Zentrum Alpenpark Karwendel
Zur Post
Jagdschloss
Hinterriß
Junglernsprung
Herzogl. Alpenhof
Mautstelle April-Oktober
Fuggerangeralm
Egglalm
Garberlalm
Kreuzbrücke
Larchenberg
Dienstltt
Schlaghütte
Wechselkopf
Wechselboden
Wasserfall
Am Hals
Steinkarlspitze
Torkopf
Rauher Kopf
Hochleger
Tortalalm
Niederleger
Torscharte
Stuhlberg
Luchsegggraben
Talelegraben
Johannestalalm
Karwendelau
Bike Trail Tirol
Falkenstuhl
Auerlstuhl
Karwendelkette
Schlichtenkarspitze
Vordere
Hintere
Vogelkarspitze
Vorderes Schlichtenkar
Hint. Schlichtenkar
Östl. Karwendelspitze
Steinloch
Gamskar
Grabenkar
Im Wank
Vogelkar
Grabenkarspitze
Torwände
Lackenkarkopf
Kuhkopf
Lackenkar
Talelespitze
Nördl. Südl. Stuhlkopf
Stuhlscharte
Tortal
Johannestal
Kleiner Falk
Totenfalk
Turmfalk
Rißer Falk
Laliderer Falk
Schlichten
Gjaidsteig
Tirol-Vital-Route
E4 alpin
Hochlahner
Lochalm
Hochalmsattel
Jochkreuz
Karwendelhaus
Unteres Filztal
Adlerweg
Großlegerbicht
Filzwand
Filzboden
Filzwald
Schwarzlackenhütte
Falkenreisen
Blausteigkar
Steinspitze
Arzklamm
Hochalmkreuz
Schlauchkargraben
Brendelsteig
Schlauchkar
Schlauchkarkopf
Marxenkar
Adlerweg Variante
Pürschhaus
Herm.-v.-Barth-Denkmal
Kl. Ahornboden
Ladizgraben
Mahnkopf
Seekarl
Marxenkarspitze
Westl. Ödkarspitze
Mittl.
Östliche
Birkkarspitze
Birkkar Notbiwak
Hochjöchl
Kaltwasserkar
Kaltwasserkarspitze
Westl. Birkkar
Sauisswald
Sauisskopfl
Ladizalm
Ladizjöchl
Jhtt. Laliders
Einsiedel
Laliderer Wand
Laliderer Bach
1 km

Sehr abwechslungsreicher Ausblick: Tiefblicke in das Falzthurntal, weite Fernsicht zu den Hohen Tauern, Zillertaler und Stubaier Alpen und detaillierte Einsichten der Nachbarberge rund um den Ahornboden.

Die Lamsenspitze ist einer der östlichsten Gipfel des Karwendelgebirges in einer beeindruckenden Felslandschaft.

Charakter des Weges: Ab Lamsenjochhütte schwierige Tour; gut beschildert; Trittsicherheit, Schwindelfreiheit, gute Kondition sowie Helm und Klettersteigset für den Klettersteig erforderlich.

Ausgangspunkt: Parkplatz am Ende der Mautstraße zum Großen Ahornboden, 6215 Eng, Österreich
Höhenangaben: Tal 1200 m; Berg 2508 m; im Aufstieg 1340 Hm
Einkehrmöglichkeiten/Unterkunft: Lamsenjochhütte mit Übernachtungsmöglichkeit, 1953 m (www.lamsenjoch.at); Binsalm mit Übernachtungsmöglichkeit, 1502 m (www.binsalm.at)

Wegbeschreibung:
Zugang zur Lamsenjochhütte: Der leichte Weg 201 führt von der Eng über die Bimsalm zur Hütte (1953 m); Gehzeit 2:15 h im Auf- und 1:30 h im Abstieg.
Aufstieg zur Lamsenspitze: Unschwierig hinauf unter die Nordostkante der Lamsenspitze; von dort zur Lamsscharte aufsteigend queren (Drahtseilsicherungen); nun ein kurzes Stück nach rechts (westwärts) und schließlich südseitig über den mäßig schweren, aber Steinschlag gefährdeten Klettersteig zum Gipfel. Gehzeit 1:45 h zum Gipfel.
Aufstieg durch den Brudertunnel: Der Einstieg zu diesem Klettersteig liegt nur 20 min von der Hütte entfernt. Der Steig ist teilweise sehr ausgesetzt, aber bestens gesichert und wegen seiner Steilheit auch kraftraubend. Klettersteigausrüstung ist obligatorisch. Den Abschluss bildet ein nahezu senkrechter, höhlenartiger Durchgang. An seinem Ende nach rechts zur Lamsscharte und wie oben beschrieben zum Gipfel in 2:15 h.
Alternativer Ausgangspunkt: Parkplatz an der Gramaialm (1263 m) am Ende der Mautstraße, 6213 Eben am Achensee, Österreich. In 1:30 h zur L.-hütte.

Juifen, 1988 m
Ochsenkamp, 1594 m
Mondscheinspitze, 2106 m
Roßstein, 1698 m
Sonnjoch, 2457 m
Wallberg, 1722 m
Risserkogel, 1826 m
Halserspitz, 1862 m
Seebergspitze, 2085 m
Vorderunnütz, 2078 m
Guffert, 2195 m
Wendelstein, 1838 m
Hint. Sonnwendjoch, 1986 m
Dristenkopf, 2005 m

erer Falk, 2427 m
Rißer Falk, 2413 m
Gamsjoch, 2452 m
Jochberg, 1565 m
Schafreuter, 2101 m
Fleischbank, 2026 m
Roßkopfspitze, 2015 m
Rabenkopf, 1555 m
Grasbergjoch, 2020 m
Benediktenwand, 1800 m
Latschenkopf, 1712 m
Gramaijoch, 2017 m
Brauneck, 1555 m
Kompar, 2011 m
Demeljoch, 1923 m
Geigerstein, 1491 m
Norden

3303 m
Hochnissl, 2547 m
Steinkarlspitze, 2460 m
Gilfert, 2506 m
Hint. Stangenspitze, 3225 m
Gr. Löffler, 3378 m
Rastkogel, 2762 m
Schwarzenstein, 3369 m
Turnerkamp, 3420 m
Gr. Möseler, 3480 m
Hirzer, 2725 m
Hoher Riffler, 3231 m
Hochfeiler, 3509 m
Olperer, 3476 m
Schrammacher, 3410 m
Malgrübler, 2749 m
Süden

, 2796 m
Glungezer, 2677 m
Mittelkarlspitze, 2418 m
Huderbankspitze, 2319 m
Pflerscher Tribulaun, 3097 m
Patscherkofel, 2248 m
Serles, 2717 m
Habicht, 3277 m
Wilder Freiger, 3418 m
Zuckerhütl, 3507 m
Ruderhofspitze, 3474 m
Hohe Fürleg, 2570 m
Schrankogel, 3497 m
Gr. Bettelwurf, 2726 m
Hochglück, 2573 m
Zwieselbacher Roßkg., 3081 m
Speckkarspitze, 2621 m
Roßkopf, 2670 m
Gr. Lafatscher, 2696 m

Eiskarlspitz, 2610 m
Barthspitze, 2454 m
Schafkarspitze, 2505 m
Spritzkarsp., 2606 m
Lalderer Spitze, 2588 m
Kaltwasserkarspitze, 2733 m
Birkkarspitze, 2749 m
Hochkarspitze, 2482 m
Bäralplkopf, 2323 m
Östl. Karwendelsp., 2537 m
Kuhkopf, 2399 m
Soiernspitze, 2257 m
Hohe Kiste, 1922 m
Krapfenkarspitze, 2109
Simetsberg, 18
Stein
Westen

Pyramidenspitze, 1997 m
Vord. Sonnwendjoch, 2224 m
Ellmauer Halt, 2344 m
Ebner Joch, 1957 m
Stanser Joch, 2102 m
Rauher Knöll, 2278 m
Gratlspitze, 1893 m
Inn
Gr. Rettenstein, 2366 m
Gr. Galtenberg, 2424 m
Gr. Wiesbachhorn, 3564 m
Mittagspitze, 2332 m
Großglockner, 3798 m
Kellerjoch, 2344 m
Großvenediger, 3662
Osten

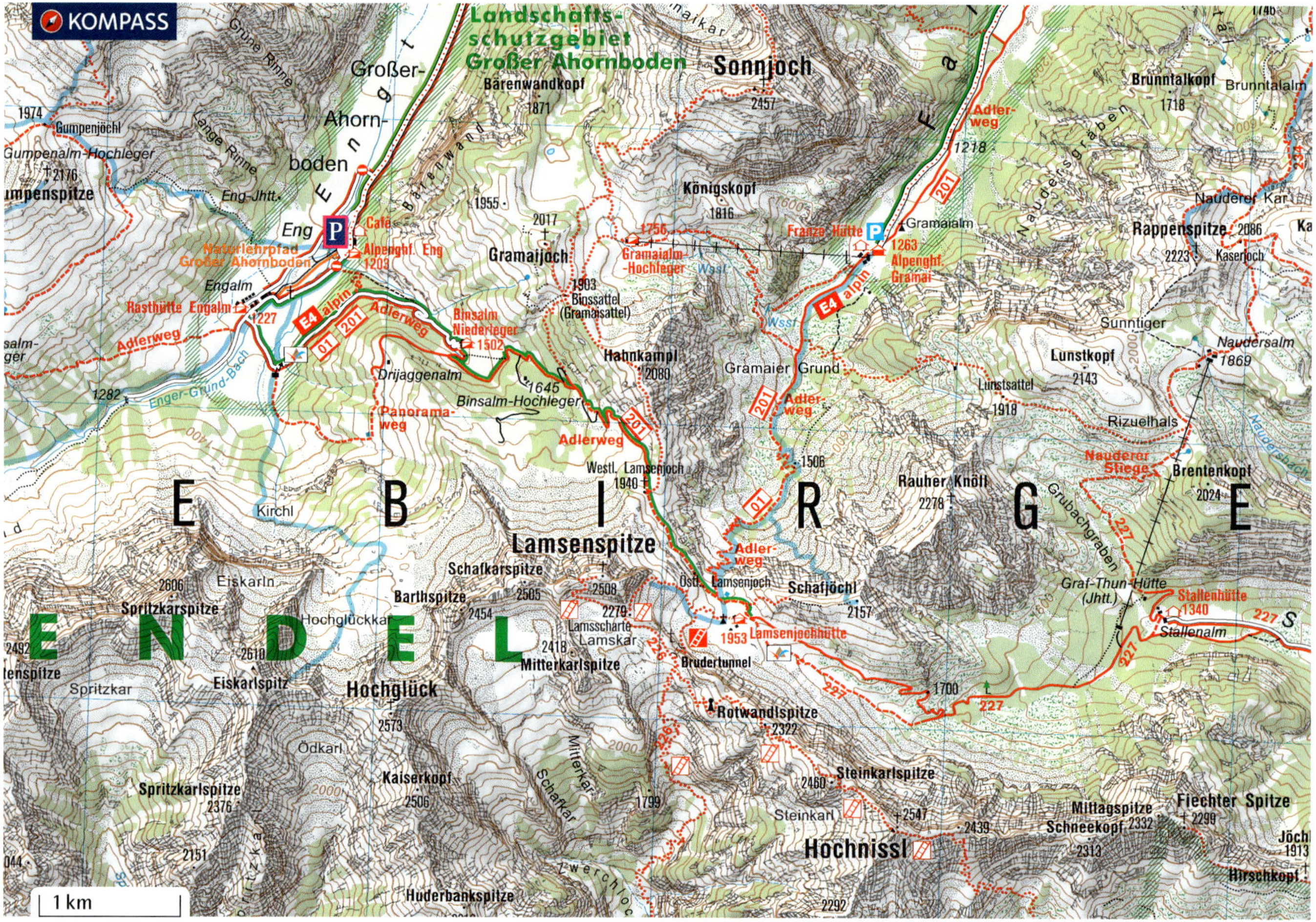
KOMPASS
Landschaftsschutzgebiet Großer Ahornboden
Großer-Ahornboden
Eng
Sonnjoch
2457
Bärenwandkopf
1871
Brunntalkopf
1718
Brunntalalm
Grüne Rinne
Lange Rinne
1974
Gumpenjöchl
Gumpenalm-Hochleger
2176
Gumpenspitze
Eng-Jhtt.
Adlerweg
1218
201
Königskopf
1816
1955
2017
Café
Naturlehrpfad Großer Ahornboden
Alpenghf. Eng
1203
Gramaijoch
Gramaialm-Hochleger
1756
Franzl-Hütte
1263
Alpenghf. Gramai
Gramaialm
Nauderer Kar
Rappenspitze
2086
2223
Kaserjoch
Engalm
Rasthütte Engalm
1227
E4 alpin
01
Binsalm Niederleger
1502
1903
Binssattel (Gramaisattel)
Hahnkampl
2080
Gramaier Grund
Sunntiger
Lunstkopf
2143
Naudersalm
1869
1282
Enger-Grund-Bach
Drijaggenalm
1645
Binsalm-Hochleger
Panoramaweg
Lunstsattel
1918
Rizuelhals
Nauderer Stiege
Brentenkopf
2024
Westl. Lamsenjoch
1940
1506
Rauher Knöll
2278
Grubachgraben
227
E B I R G E
Kirchl
Lamsenspitze
Schafkarspitze
2508
Östl. Lamsenjoch
Schafjöchl
2157
Graf-Thun-Hütte (Jhtt.)
Stallenhütte
1340
Stallenalm
2606
Eiskarln
Spritzkarspitze
Hochglückkar
Barthspitze
2505
2454
2279
Lamsscharte
Lamskar
1953
Lamsenjochhütte
2492
2610
E N D E L
2418
Mitterkarlspitze
Brudertunnel
1700
Spritzkar
Eiskarlspitz
Hochglück
2573
Rotwandlspitze
2322
Ödkarl
Kaiserkopf
2506
Schafkar
Mitterkar
2000
Spritzkarlspitze
2376
2151
1799
Steinkarlspitze
2460
Steinkarl
2547
2439
Mittagspitze
Schneekopf
2332
2313
Fiechter Spitze
2299
Jöchl
1913
Hochnissl
Hirschkopf
Huderbankspitze
2292
1 km

Exzellenter Aussichtsberg! Vom Hochkönig im Osten bis zur Köllenspitze im Westen; im Süden berühren die vielen Spitzen der Hohen Tauern und des Karwendelgebirges den Himmel, schöne Blicke auf die Walchenseeberge.

Der Schafreuter ist der zweithöchste Berg des Vorkarwendels und fällt durch seine markante felsige Sichel ins Auge.

Charakter des Weges: Relativ unschwierige, aber lange Wanderung auf Forst- und Bergwegen; im oberen Bereich recht sonnig; gut beschildert; Trittsicherheit und gute Kondition erforderlich.

Ausgangspunkt: Parkplatz auf der rechten Seite der Straße ins Rißtal 100 m hinter der Oswaldhütte
Höhenangaben: Tal 850 m; Berg 2101 m; im Aufstieg 1250 Hm
Einkehrmöglichkeiten / Unterkunft: Tölzer Hütte mit Übernachtungsmöglichkeit, 1825 m (www.toelzer-huette.at)

Wegbeschreibung:
Aufstieg: Auf dem Forstweg zur Moosenalm. Von hier führt ein leichter Bergweg über das Kälbereck und den breiten Nordrücken des Schafreuter schattenlos durch Latschen- und Wiesengelände zum Gipfel. Gehzeit 3:15 h.
Abstieg: Auf gleichem Weg in 2:15 h zum Ausgangspunkt.
Rundtour: Im Abstieg nach Süden nehmen wir bald eine leichte, mit Drahtseilen gesicherte Felsstufe und steigen zur Tölzer Hütte ab. Von hier aus gibt es zwei Optionen, die sich auf 1550 m wieder treffen: Weg 239 verlangt etwas mehr Trittsicherheit im steilen Hang, während der Weg über den Delpshals leichter über Almwiesen hinunter führt. Der Weiterweg ist unproblematisch. Gehzeit 2:00 h. Zu Fuß oder per Bergsteigerbus (www.rvo-bus.de) von Haltestelle Leckenbachtal zur Haltestelle Oswaldhütte zurück.
Alternativer Ausgangspunkt: Landschaftlich reizvoll ist der lange Aufstieg von Fall (Parkplatz Dürrachstraße): Über die Wiesalm hinauf zu Grammersberg und Pirschschneid, unterhalb des Grasköpfels queren und über den Wiesbauern-Hochleger zur Moosenalm. Gehzeit zum Gipfel 4:30 h. Mit dem Bergsteigerbus wieder zurück nach Fall.

Benediktenwand, 1800 m
Achselköpfe, 1709 m
Latschenkopf, 1712 m
Brauneck, 1555 m
Bad Tölz
Zwiesel, 1348 m
Sylvensteinsee
Geigerstein, 1491 m
Fockenstein, 1564 m
Seekarkreuz, 1601 m
Hochalm, 1427 m
Schönberg, 1620 m
Hirschberg, 1670 m
Norden

g, 1670 m
Heimgarten, 1790 m
Herzogstand, 1731 m
Peißenberg, 988 m
Isar
Walchensee
Riegsee
Rißbach
Jochberg, 1565 m
Ammersee
Hirschhörnlkopf, 1514 m
Grasköpfel, 1753 m
Rabenkopf, 1555 m
Starnberger See
T 231

ondscheinspitze, 2106 m
Großglockner, 3798 m
Bärenkopf, 1991 m
Großvenediger, 3662 m
Reichenspitze, 3303 m
Grasbergjoch, 2020 m
Rötspitze, 3496 m
Hölzelstaljoch, 2012 m
Schaufelspitze, 2306 m
Sonnjoch, 2457 m
Fleischbank, 2026 m
Delpsjoch, 1945 m
Hochnissl, 2547 m
Lamsenspitze, 2508 m
Schönalmjoch, 1986 m
Gamsjoch, 2452 m
Eiskarlspitz, 2610 m
Spritzkarspitze, 2606 m
Laliderer Falk, 2427 m
Rißer Falk, 2413 m
Dreizinkenspitze
Laliderer

…e, 2588 m
Bockkarspitze, 2589 m
Nördl. Sonnenspitze, 2650 m
Südl. Sonnenspitze, 2688 m
Moserkarspitze, 2533 m
Kaltwasserkarspitze, 2733 m
Kuhkopf, 2399 m
Birkkarspitze, 2749 m
Östl. Ödkarspitze, 2738 m
Mittl. Ödkarspitze, 2745 m
Westl. Ödkarspitze, 2712 m
Grabenkarspitze, 2471 m
Gr. Seekarspitze, 2677 m
Östl. Karwendelsp., 2537 m
Vogelkarspitze, 2522 m
Bäralpkopf, 2323 m
Rietzer Grieskogel, 2884 m
Pirchkogel, 2828 m
Raffelspitze, 2323 m
Hochkarspit…
2482 …
en

Wörner, 2474 m
Gehrenspitze, 2367 m
Leutascher Dreitorsp., 2682 m
Hochwanner, 2744 m
Vorderskopf, 1858 m
Soiernspitze, 2257 m
Zugspitze, 2962 m
Krapfenkarspitze, 2109 m
Daniel, 2340 m
Schöttelkarspitze, 2050 m
Leilachspitze, 2274 m
Köllenspitze, 2238 m
Ochsenstaffel, 1871 m
Kreuzspitze, 2185 m
Hochplatte, 2082 m
Hoher Grasberg, 1783 m
Krottenkopf, 2086 m
Hohe Kiste, 1922 m
Hohe Bleick, 1638 m
Simetsberg, 1840 m
Westen

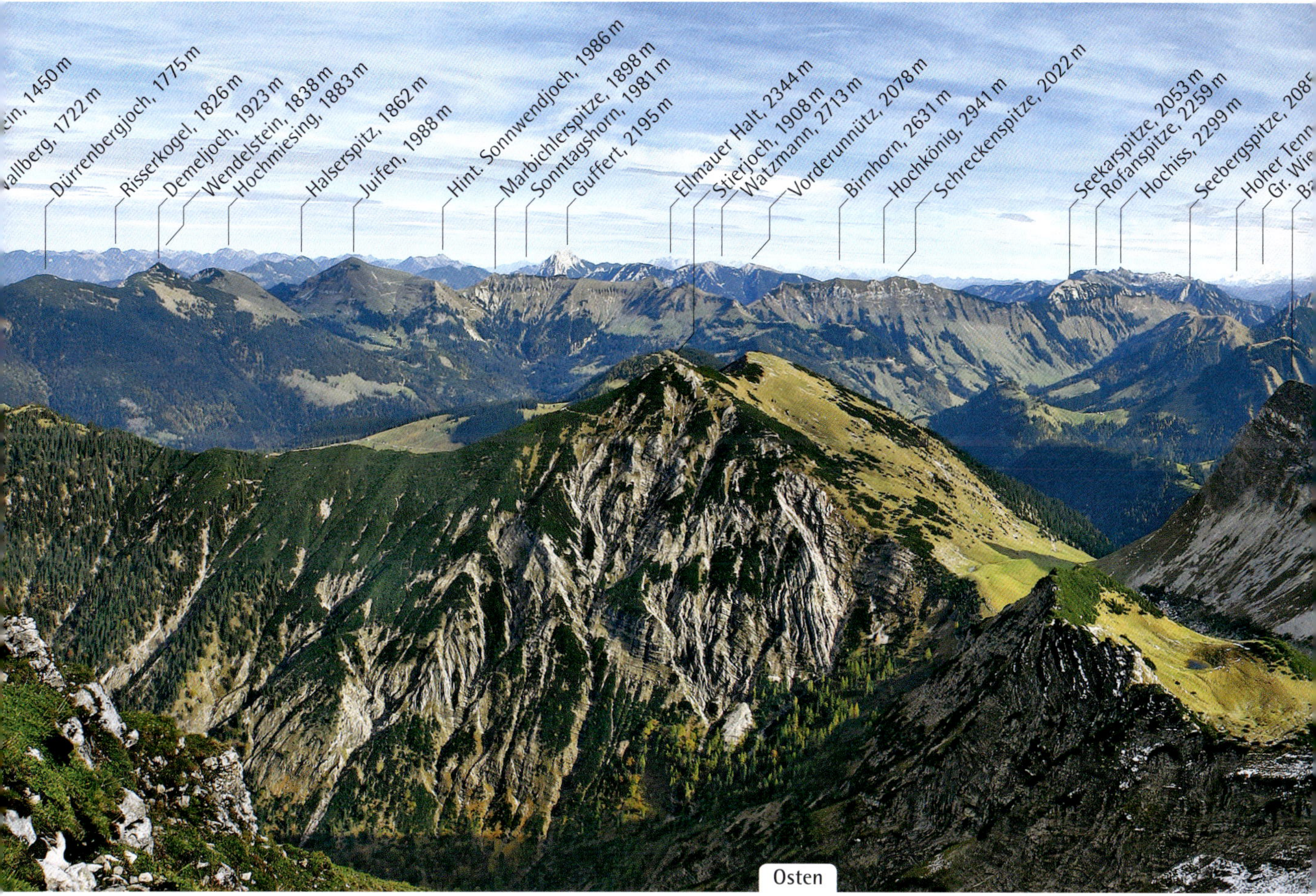

Dürrenbergjoch, 1775 m
Risserkogel, 1826 m
Demeljoch, 1923 m
Wendelstein, 1838 m
Hochmiesing, 1883 m
Halserspitz, 1862 m
Juifen, 1988 m
Hint. Sonnwendjoch, 1986 m
Marbichlerspitze, 1898 m
Sonntagshorn, 1981 m
Guffert, 2195 m
Ellmauer Halt, 2344 m
Stierjoch, 1908 m
Watzmann, 2713 m
Vorderunnütz, 2078 m
Birnhorn, 2631 m
Hochkönig, 2941 m
Schreckenspitze, 2022 m
Seekarspitze, 2053 m
Rofanspitze, 2259 m
Hochiss, 2299 m
Osten

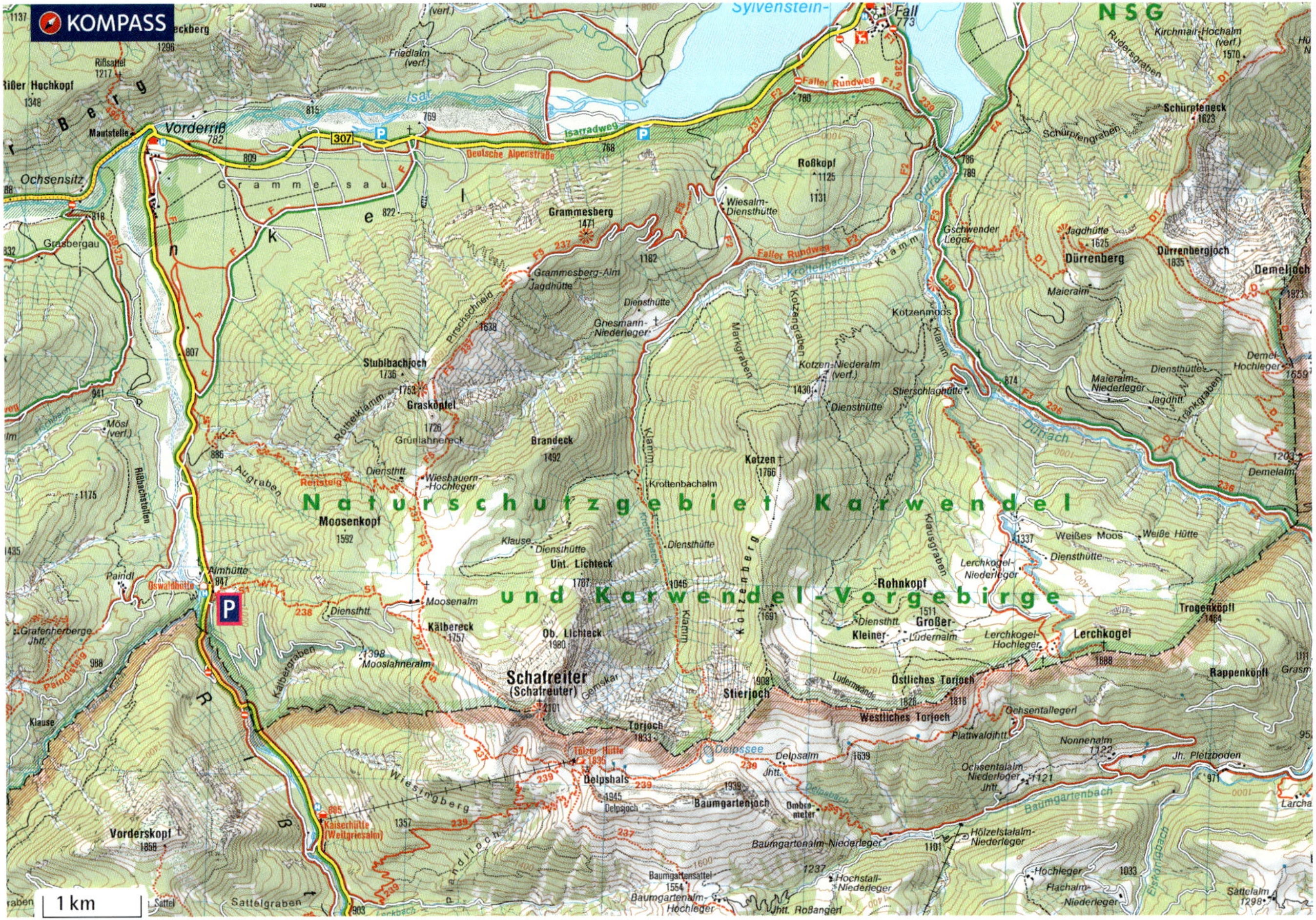
KOMPASS
Sylvenstein-
Fall
773
NSG
Vorderriß
782
307
Deutsche Alpenstraße
Isarradweg
Isar
Faller Rundweg
Ochsensitz
Grammersau
Grasbergau
Rißer Hochkopf
1348
Rißsattel
1217
Mautstelle
Grammesberg
1471
Grammesberg-Alm
Jagdhütte
Roßkopf
1125
Wiesalm-
Diensthütte
Krottenbach
Klamm
Gschwender
Leger
Schürpfeneck
1623
Schürpfengraben
Rudersgraben
Kirchmair-Hochalm
(verf.)
1570
Jagdhütte
1625
Dürrenberg
Dürrenbergjoch
1835
Demeljoch
Maieralm
Kotzenmoos
Stubachjoch
1736
Graskopfel
Grünlahnereck
Brandeck
1492
Pirschschneid
Griesmann-
Niederleger
Diensthütte
Kotzengraben
Kotzen-Niederalm
(verf.)
Stierschlaghütte
Dürrach
Maieralm-
Niederleger
Jagdhtt.
Demel-
Hochleger
Demelalm
Markgraben
Kotzen
1766
Krottenbachalm
Wiesbauern-
Hochleger
Augraben
Reitsteig
Naturschutzgebiet Karwendel
und Karwendel-Vorgebirge
Moosenkopf
1592
Rißbachstollen
Mösl
(verf.)
Klause
Diensthütte
Unt. Lichteck
1767
Almhütte
847
Oswaldhütte
Moosenalm
Kälbereck
1757
Ob. Lichteck
1980
Mooslahneralm
1398
Schafreiter
(Schafreuter)
2101
Gemskar
Stierjoch
1908
Torjoch
1833
Tölzer Hütte
1835
Delpssee
Delpsalm
Delpshals
Delpsjoch
Baumgartenjoch
Ombremeter
Weißes Moos
Weiße Hütte
Lerchkogel-
Niederleger
Rohnkopf
Kleiner
Großer
Lüdernalm
Lerchkogel-
Hochleger
Lerchkogel
1688
Trogenköpfl
1464
Rappenköpfl
Östliches Torjoch
1816
Westliches Torjoch
Ochsentallegerl
Plattwaldjhtt.
Nonnenalm
1122
Jh. Pletzboden
Ochsentalalm-
Niederleger
Jhtt.
1121
Baumgartenbach
Hölzelstalalm-
Niederleger
Baumgartenalm-Niederleger
Hochstall-
Niederleger
Baumgartensattel
1554
Baumgartenalm-
Hochleger
Jhtt. Roßangerl
Hochleger
Flachalm-
Niederleger
Sattelalm
1298
Eiskönigbach
Wiesingberg
Kaiserhütte
(Weitgriesalm)
Vorderskopf
1858
Pandljoch
Grafenherberge
Jhtt.
Paindl
Paindlsteig
Kälbergraben
Sattel
Sattelgraben
1 km
P

Traumhafter Aussichtsberg! Von keinem anderen Berg aus sind die Bayerischen Voralpen so vollständig zu sehen. Dazu gesellen sich die Eisriesen der Hohen Tauern und Zillertaler Alpen und die Fülle der Karwendelgipfel.

Der mächtige Guffert steht sehr exponiert und bildet zusammen mit seinem Westgipfel einen markanten Doppelgipfel. Rechts im Bild der Guffertstein.

Charakter des Weges: Anspruchsvollere Bergtour mit felsigen Passagen, aber nie sehr ausgesetzt; sehr sonnig; gut beschildert; Trittsicherheit und gute Kondition erforderlich.

Ausgangspunkt: Gebührenpflichtiger Parkplatz in 6215 Steinberg am Rofan, Österreich, am Abzweig nach Vordersteinberg
Höhenangaben: Tal 1000 m; Berg 2195 m; im Aufstieg 1200 Hm
Einkehrmöglichkeiten/Unterkunft: keine

Wegbeschreibung:
Aufstieg: Den Schildern folgend führt der Weg zunächst durch Wald, ehe er recht steil in die Südseite des Guffert hinaufzieht. In den Latschengassen kann es sehr warm werden. Wir erreichen die Senke zwischen Guffertstein und Guffert an der Schmidtquelle. Nun nach links durch den von eiszeitlichen Gletschern bearbeiteten Kalk auf eine Aussichtsterrasse auf 2000 m. Von hier im Schrofengelände in leichter Kraxelei zum Gipfel. Gehzeit 3:00 h.
Abstieg: Auf dem gleichen Weg in 2:15 h zurück.
Rundtour: Angenehmer Abstieg über den Guffertstein: Wir steigen wieder hinab zur Schmidtquelle und gehen weiter in Richtung Osten den sanften Hang zum grasigen Plateau des Guffertstein hinauf (110 Hm Gegenanstieg). Dort führt ein leichter Bergweg durch Latschen und Wald nach Vordersteinberg; auf der Straße hinunter zum Parkplatz. Gehzeit 2:30 h.
Alternativer Ausgangspunkt: Vom Parkplatz an der Unteren Bergalm (997 m) nordwestlich um den Guffert herum und auf dem Nordwandsteig zur oben erwähnten Aussichtsterrasse. Der Steig ist steinschlaggefährdet, wenig gesichert, erfordert Kletterei im I. Grat und ist daher nur erfahrenen Bergsteigern zu empfehlen. Gehzeit 3:15 h bis zum Gipfel.

Setzberg, 1706 m
Schneidjoch, 1810 m
Wallberg, 1722 m
Risserkogel, 1826 m
Bodenschneid, 1669 m
Brecherspitze, 1683 m
Jägerkamp, 1746 m
Aiplspitz, 1759 m
Bayerischer Schinder, 1796 m
Österr. Schinder, 1808 m
Hochmiesing, 1883 m
Wendelstein, 1838 m
Wildalpjoch, 1720 m
Norden

, 1555 m
Zwiesel, 1348 m
Schönberg, 1620 m
Seekarkreuz, 1601 m
Schildenstein, 1613 m
Buchstein, 1701 m
Spitzkamp, 1604 m
Ochsenkamp, 1594 m
Fockenstein, 1564 m
Blaubergschneid, 1787 m
Hirschberg, 1670 m
Leonhardstein, 1450 m
Blaubergkopf, 1787 m
Halserspitz, 1862 m

Großglockner, 3798 m
Blessachkopf, 3050 m
Hohe Fürleg, 3243 m
Großvenediger, 3662 m
Gratlspitze, 1893 m
Westl. Simonyspitze, 3481 m
Dreiherrenspitze, 3499 m
Gr. Galtenberg, 2424 m
Reichenspitze, 3303 m
Rauchkofel, 3251 m
Hochgall, 3436 m
Roßkogel, 1940 m
Hint. Stangenspitze, 3225 m
Gr. Löffler, 3378 m
Schwarzenstein, 3369 m
Sagzahn, 2228 m
Süden

Hochfeiler, 3509 m
Seekarlspitze, 2261 m
Hoher Riffler, 3231 m
Olperer, 3476 m
Hochiss, 2299 m
Hirzer, 2725 m
Kotalmjoch, 2157 m
Malgrübler, 2749 m
Stanser Joch, 2102 m
Ochsenkopf, 2148 m
Pflerscher Tribulaun, 3097 m
Hochnissl, 2547 m
Habicht, 3277 m
Zuckerhütl, 3507 m
Lamsenspitze, 2508 m
Gr. Bettelwurf, 2726 m
Seebergspitze, 2085 m
Sonnjoch, 2457 m
Grubenkarspitze, 2663 m
Vorderunnütz, 2078 m
Laliderer Spitze, 2588 m
Südl. Sonnenspitze, 2688 m
Mondscheinspitze, 2106 m
Kaltwasserkarsp., 2733
Birkkarspitze, 2749 m

Hochkarspitze, 2482 m
Leutascher Dreitorsp., 2682 m
Zugspitze, 2962 m
Soiernspitze, 2257 m
Schafreuter, 2101 m
Leilachspitze, 2274 m
Kreuzspitze, 2185 m
Juifen, 1988 m
Krottenkopf, 2086 m
Hochplatte, 2082 m
Gr. Klammspitze, 1924 m
Staffel, 1532 m
Heimgarten, 1790 m
Jochberg, 1565 m
Hirschhörnlkopf, 1514 m
Rabenkopf, 1555 m
Benediktenwand, 1800 m
Hochalm, 1427 m
Latschenkopf
Westen

aithen, 1722 m
Gr. Traithen, 1852 m
Kampenwand, 1668 m
Hint. Sonnwendjoch, 1986 m
Geigelstein, 1813 m
Thalerjoch, 1775 m
Veitsberg, 1787 m
Pyramidenspitze, 1997 m
Pendling, 1563 m
Ellmauer Halt, 2344 m
Mitterhorn, 2508 m
Gr. Hundstod, 2594 m
Birnhorn, 2631 m
Hochkönig, 2941 m
Kitzbühlerhorn, 1996 m
Wildseeloder, 2118 m
Kienberg, 1786 m
Hohe Salve, 1828 m
Geißstein, 2363 m
Ankogel
Osten

KOMPASS
BRANDENBERGER
ALPEN
Tirol Vital-Route
Köglboden
963
Weißbach
Stubachalm
1371
Jhtt.
1466
Issalm
1413
1245
Schinbachalm
Jagdhütte
Kreuzegg
1308
Ragstattalm
Weittal
1596
Weißache
Jhtt.
1084
Hinterweißachalm
Vorderweißachalm
998
Guffertspitze
2195
Schmidtquelle
Breitlahneralm
Bike Trail Tirol
Pulverer Mahd
433
Alter Steinbergweg
Schwarzenbach
Untere Bergalm (Waldfrieden)
997
1765
1423
1963
Guffertstein
Sandegg
1849
Rauhegg
1702
1690
Grünkopf
Obere Bergalm
1029
Steigwand
1868
Rauher Kopf
Jhtt.
1392
Neubergalm
1160
Obinger Moos
Luxeggalm
Kitzstein
1625
1023
Flußbach (Jhtt.)
Neuhaus-moos
Bike Trail Tirol
Pircheralm
Jhtt.
1343
Bärenwald-weg
Waldhäu
Unterberg
1000
Vordersteinberg
01
Außersteinberg
1013
Sonn-eck
Adler-weg
E4
401
Hinterberg
824
Aschaum
Zwölferkopf
1513
Hangartkopf
1516
ASI-Lodge
Adler-weg
Adler-weg
Mühlbach
1082
Hinterbergw.
Jagdhütte
Adler-weg
14
Schaarwand
Schlagkopf
1867
1688
2078
Schaarwandkopf
Kotalm (verf.)
1449
Silberwald-hütte
Sandbichl-weg
Liftstüberl
1010
Steinberger Ache
Enterhof
Adler-weg
Enterkopf
Jhtt.
Steinberg am Rofan
1 km

Fantastischer Aussichtsberg! Unser Blick wandert über die nahen Gipfel des Rofangebirges zum Alpenhauptkamm und Karwendelgebirge. Beeindruckend ist auch der Tiefblick am Wandabsturz ein paar Schritte neben dem Gipfel.

Der Hochiss ist die höchste Erhebung der Brandenberger Alpen. Der Aufstieg erfolgt durch die hier gezeigte Südseite.

Charakter des Weges: Anspruchsvollere Bergtour mit felsigen und etwas ausgesetzten Passagen; gut beschildert; Trittsicherheit, Schwindelfreiheit und gute Kondition erforderlich.

Ausgangspunkt: Parkplatz an der Talstation der Rofanseilbahn: Maurach 200, 6212 Eben am Achensee, Österreich
Höhenangaben: Tal 980 m; Berg 2299 m; im Aufstieg 1320 Hm
Einkehrmöglichkeiten / Unterkunft: In der Nähe der Bergstation: Almstüberl, Mauritzalm (www.mauritzalm.at) und Erfurter Hütte mit Übernachtungsmöglichkeit, 1831 m (www.dav-ettlingen.de); Dalfazalm mit Übernachtungsmöglichkeit, 1692 m (www.dalfazalm.at)

Wegbeschreibung:
Aufstieg: Der Weg 401 führt unschwierig über die Buchauer Alm in 2:00 h zur Bergstation der Seilbahn. Von hier sind es noch 1:30 h bis zum Gipfel. Der Schlussanstieg ist etwas anspruchsvoller und erfordert unsere Aufmerksamkeit; die abschüssigen Stellen sind mit Drahtseilen gesichert.
Abstieg: Gleicher Weg in 1:15 h zur Bergstation; weiter in 1:30 h ins Tal.
Rundtour: Über den Streichkopf durch eine Drahtseil gesicherte Rinne; unschwieriger Weiterweg über Dalfaz- und Durra-Alm ins Tal. Gehzeit 2:45 h.
Rofanseilbahn: Preise und Betriebszeiten unter www.rofanseilbahn.de. Die Seilbahn bringt uns in wenigen Minuten zur Bergstation auf 1840 m.
Erweiterung der Tour: Für trittsichere und schwindelfreie Bergsteiger kann die Hochiss-Besteigung um den Besuch der Rofanspitze ergänzt werden: Auf Weg 18 geht es über das grasige Spieljoch und unterhalb der Seekarlspitze und Roßköpfe teilweise recht ausgesetzt in 1:45 h zur Rofanspitze. Von dort zurück zur Bergstation auf dem leichten Wanderweg 401 in 1:30 h.

Blaubergkopf, 1787 m
Setzberg, 1706 m
Halserspitz, 1862 m
Guffert, 2195 m
Brecherspitze, 1683 m
Guffertstein, 1963 m
Bayerischer Schinder, 1796 m
Jägerkamp, 1746 m
Österr. Schinder, 1808 m
Aiplspitz, 1759 m
Hochmiesing, 1883 m
Rotwand, 1884 m
Wendelstein, 1838 m
Wildalpjoch, 1720 m
Hint. Sonnwendjoch, 1986 m
Gr. Traithen, 1852 m
Hochries, 1568 m
Veitsberg, 1787 m
Trainsjoch
Kam

m
joch, 2157 m
Juifen, 1988 m
Benediktenwand, 1800 m
Latschenkopf, 1712 m
Schulterberg, 1686 m
Brauneck, 1555 m
Zwiesel, 1348 m
Schönberg, 1620 m
Seekarkreuz, 1601 m
Spitzkamp, 1604 m
Hochunnütz, 2075 m
Vorderunnütz, 2078 m
Hirschberg, 1659 m
Leonhardstein, 1450 m
Blaubergschneid, 1787 m
Norden

Hohe Fürleg, 3243 m
Gr. Galtenberg, 2424 m
Großvenediger, 3662 m
Wiedersberger Horn, 2127 m
Schlieferspitze, 3290 m
Westl. Simonyspitze, 3481 m
Dreiherrenspitze, 3499 m
Reichenspitze, 3303 m
Haidachstellwand, 2192 m
Rauchkofel, 3251 m
Napfspitze, 3144 m
Roßwandspitze, 3157 m
Ahornspitze, 2973 m
Gr. Löffler, 3378 m
Ebner Joch, 1957 m
Schwarzenstein, 3369 m
Turnerkamp, 3420 m
Kellerjoch, 2344 m
Süden

2039 m
Riffler, 3231 m
Olperer, 3476 m
Kalkwand, 2826 m
Hirzer, 2725 m
Malgrübler, 2749 m
Rosenjoch, 2796 m
Glungezer, 2677 m
Rotspitze, 2067 m
Östl. Feuerstein, 3267 m
Habicht, 3277 m
Patscherkofel, 2248 m
Zuckerhütl, 3507 m
Ochsenkopf, 2148 m
Ruderhofspitze, 3474 m
Hochnissl, 2547 m
Lüsener Fernerkg., 3298 m
Gr. Bettelwurf, 2726 m
Dalfazjoch, 2233 m
Lamsenspitze, 2508 m
Eiskarlspitz, 2610 m
Dristenkopf, 2005 m
2663 m

Laliderer Wand, 2620 m
Südl. Sonnenspitze, 2688 m
Schaufelspitze, 2306 m
Gamsjoch, 2452 m
Kaltwasserkarspitze, 2733 m
Birkkarspitze, 2749 m
Laliderer Falk, 2427 m
Zugspitze, 2962 m
Östl. Karwendelsp., 2537 m
Kompar, 2011 m
Klobenjoch, 2041 m
Köllenspitze, 2238 m
Mondscheinspitze, 2106 m
Soiernspitze, 2257 m
Kreuzspitze, 2185 m
Seebergspitze, 2085 m
Krottenkopf, 2086 m
Streichkopf, 2243 m
Schafreuter, 2101 m
Simetsberg, 1840 m
Seekarspitze, 2053 m
Heimgarten, 1790 m
Herzogstand, 1731 m
Schreckenspitze, 2022 m
Jochberg, 1565 m
Westen

Hochgern, 1748 m
Pendling, 1563 m
Kienberg, 1786 m
Pyramidenspitze, 1997 m
Sonntagshorn, 1981 m
Marchspitze, 2004 m
Ellmauer Halt, 2344 m
Ackerlspitze, 2329 m
Roßkogel, 1940 m
Mitterhorn, 2508 m
Watzmann, 2713 m
Gr. Hundstod, 2594 m
Birnhorn, 2631 m
Hochkönig, 2941 m
Rofanspitze, 2259 m
Seekarlspitze, 2261 m
Sagzahn, 2228 m
Hoher Tenn, 3368 m
Gr. Wiesbachhorn
Spieljoch
Osten

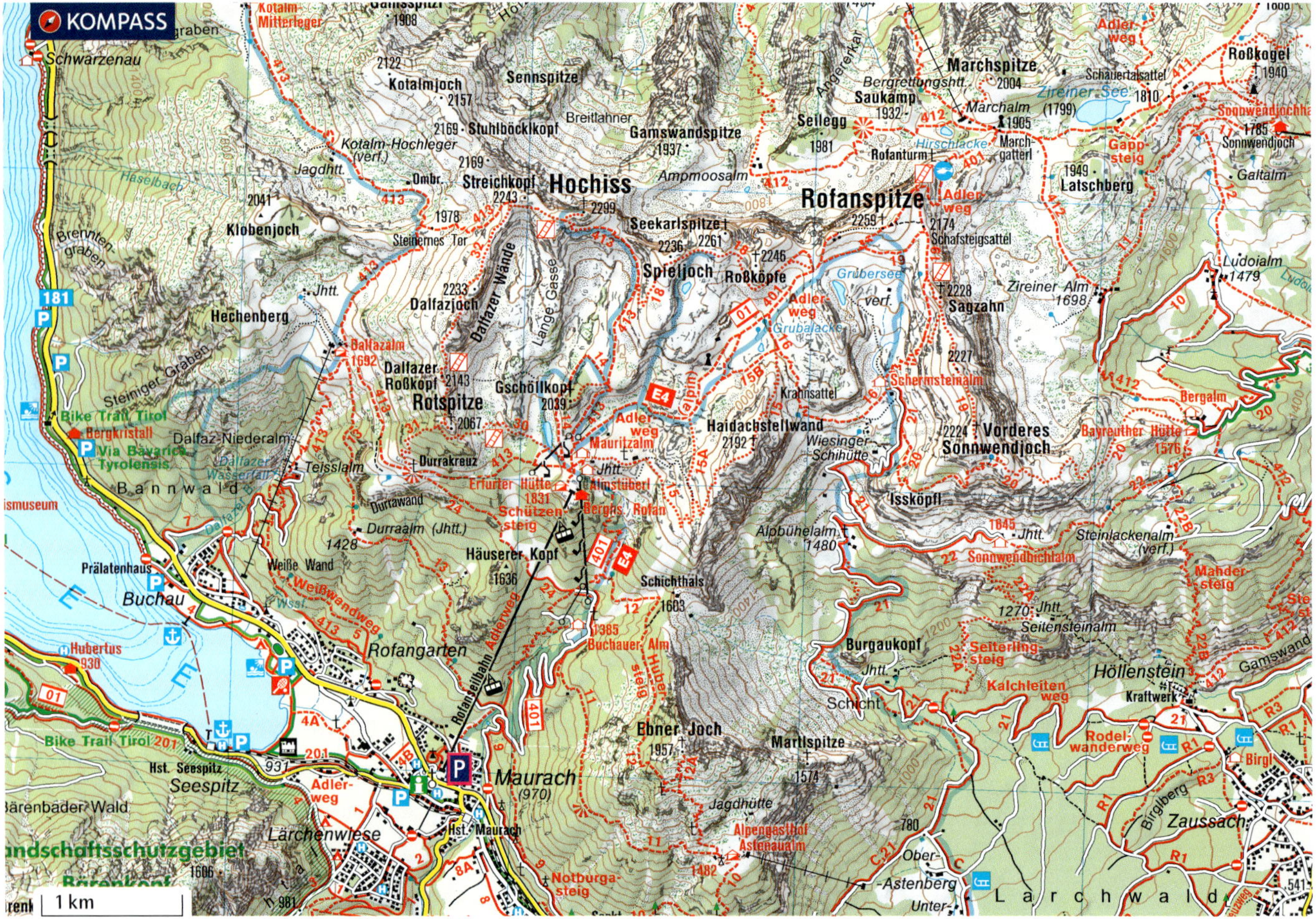
KOMPASS
Schwarzenau
Kotalm Mitterleger
Kotalmjoch
Sennspitze
Stuhlböcklkopf
Breitlahner
Gamswandspitze
Marchspitze
Bergrettungshtt.
Saukamp
Marchalm
Zireiner See
Schauertalsattel
Roßkogel
Seilegg
Rofanturm
March-gatterl
Sonnwendjoch
Kotalm-Hochleger (verf.)
Jagdhtt.
Streichkopf
Hochiss
Ampmoosalm
Rofanspitze
Adlerweg
Gappsteig
Latschberg
Galtalm
Haselbach
Klobenjoch
Steinernes Tor
Seekarlspitze
Schafsteigsattel
Brennten-graben
Spieljoch
Roßköpfe
Grubersee
Sagzahn
Zireiner Alm
Ludoialm
Hechenberg
Dalfazjoch
Dalfazer Wände
Lange Gasse
Grubalacke
Dalfazalm
Dalfazer Roßkopf
Rotspitze
Gschöllkopf
Krahnsattel
Schermsteinalm
Steiniger Graben
Bike Trail Tirol
Bergkristall
Via Bavarica Tyrolensis
Dalfaz-Niederalm
Dalfazer Wasserfall
Teisslalm
Durrakreuz
Mauritzalm
Haidachstellwand
Wiesinger Schihütte
Vorderes Sonnwendjoch
Bergalm
Bayreuther Hütte
Bannwald
Erfurter Hütte
Almstüberl
Bergh. Rofan
Isskopfl
Durrawand
Schützensteig
Durraalm (Jhtt.)
Alpbühelalm
Sonnwendbichlalm
Steinlackenalm (verf.)
Prälatenhaus
Weiße Wand
Häuserer Kopf
Schichthals
Mahnersteig
Buchau
Weißwandweg
Rofangarten
Buchauer Alm
Seitensteinalm
Burgaukopf
Seiterlingsteig
Höllenstein
Gamswand
Hubertus
Rofanseilbahn
Adlerweg
Hubersteig
Schicht
Kalchleitenweg
Kraftwerk
Ebner Joch
Marllspitze
Rodelwanderweg
Birgl
Hst. Seespitz
Seespitz
Maurach
Bärenbader Wald
Jagdhütte
Birglberg
Zaussach
Lärchenwiese
Hst. Maurach
Alpengasthof Astenaualm
Ober-
Landschaftsschutzgebiet
Bärenkopf
Notburgasteig
Astenberg
Unter-
Larchwald
1 km